创变者

价值资源变现的IP之路

陈 夫◎著

经济管理出版社
ECONOMY & MANAGEMENT PUBLISHING HOUSE

图书在版编目（CIP）数据

创变者：价值资源变现的 IP 之路/陈夫著．—北京：经济管理出版社，2021.3

ISBN 978 - 7 - 5096 - 7872 - 5

Ⅰ. ①创…　Ⅱ. ①陈…　Ⅲ. ①文化产业—产业经济—研究　Ⅳ. ①G114

中国版本图书馆 CIP 数据核字（2021）第 059482 号

组稿编辑：高　娅
责任编辑：高　娅
责任印制：黄章平
责任校对：董杉珊

出版发行：经济管理出版社
　　　　　（北京市海淀区北蜂窝 8 号中雅大厦 A 座 11 层　100038）
网　　址：www. E - mp. com. cn
电　　话：（010）51915602
印　　刷：北京玺诚印务有限公司
经　　销：新华书店
开　　本：880mm×1230mm/32
印　　张：9. 375
字　　数：162 千字
版　　次：2021 年 7 月第 1 版　　2021 年 11 月第 3 次印刷
书　　号：ISBN 978 - 7 - 5096 - 7872 - 5
定　　价：58. 00 元

谨以此书献给那些在不同知识间追求运用融通、思维融通、创变融通，缔造新时代下自我命运的朋友们。

——陈夫

打造IP，你离职业创变者还有多远？

首先，要知道货币在哪儿。本书向你揭开一个"从资源到资本到市场到货币置换"的蜕变故事。其次，要成为职业创变者。本书倾力敲打多维度方法论，大剂量实操公开课深耕不同知识间运用融通、思维融通、创变融通，试图努力在新时代下"使你成为职业的新经济创变者"。

通过文化产业这一路径，完成创意文化产品的实现来将价值资源迅速转化成IP或IP化，从而完成经济突围式崛起。那么，政府、企业、个人如何炼成合格的新经济创变者？

一、政府（将当地价值资源转化成IP的决策主体）

《创变者》药方：需装备一大正确原则、四大方法论、一套价值资源认定系统、一套开发需求的自评系统。

一大正确原则。避免出现"苍狼陷阱"，布局中国特色实体性产业新生态。

四大方法论。包括造血母体效应、新经济（价值资源变现）IP孵化、培育两种资源、构筑中国特色实体性产业新生态。

一套价值资源认定系统。包括七大类价值资源认定，祭出快速识别晴雨表。

一套开发需求的自评系统。包括四项评测指标，自我认定开发的需求市场与可行性，规避盲目跟风和生态损害。

二、企业（将价值资源转化成IP的实施主体）

《创变者》药方：需装备四大方法论、一套项目可行性认定系统、一套典型商模及运营系统、一个资金"安全区"。

四大方法论。包括造血母体效应、新经济（价值资源变现）IP孵化、培育两种资源、典型商模及运营系统。

一套项目可行性认定系统。包括七大类价值资源认定、五项经济环境的特定与非特定指标认定，将复杂的事变成一件简单工作。

一套典型商模及运营系统。包括一个典型商模、五个运营系统，让价值资源变现IP经济不再高深。

何谓资金"安全区"？消殁数十载焦虑，祭出融资全新策略与路径。

三、个人（将价值资源转化成 IP 的具体执行主体）

《创变者》药方：需装备四大方法论，打破知识边界，掌握职业创变者创意思维逻辑密码。本书中四章大剂量实操公开课深耕知识间运用融通、思维融通、创变融通，实案破解创意思维逻辑。

毫无疑问，《创变者》无论是在新经济创变者的炼成上，还是在 IP 的打造与实现，尤其是价值资源变现的 IP 之路上，都是一位不错的赋能者。可需要提醒的是，《创变者》看起来更像一种"新理论"，只提供知识的可能借鉴与参考。

前言

Preface

　　本书讲述了在新时代，价值资源该如何通过文化产业这一路径，完成创意文化产品的实现来迅速变现 IP 经济，即讲述一个"从资源到资本到市场到货币置换"的完整蜕变故事。

一

　　首先，我要解决几个最容易让读者形成困惑的问题。其一，在进行文化产业创意思维逻辑及产业运营系统模式探究上，本书大量探究的是视觉文化产业创意思维逻辑与产业运营系统模式。这样做的理由是什么？其二，你怎样理解"价值资源的创意文化产品实现"？其三，你该如何对待书中遍地狼烟的奇袭思维与看起来根本就不在乎是不是学术用语或概念的表述习惯？

　　让我先来回答第一个问题。这样做的理由有以下几个：首先，我们必须要清醒地知道当今乃至今后时代的文化走向，而这个走向便是文化终要被视觉文化所取代，或者委婉地说，在我们兴奋地谈论文化时，视觉文化也终将统领我们整个视野，即便我们是那么的不去留意或在意它。2009 年，当我作为一家报社主编还在兴致勃勃地诡辩，是读标题时代还是读图时代时，美国哈佛大学丹尼尔·贝尔教授却早在 20 世纪 70 年代便用文化产业未来发展观做出了有力的论断："我坚信，当代文化正逐渐成为视觉文化，而不是印刷文化，这是千真万确的事实。"他说，"声音和影像，尤其是后者，约定审美，主宰公众，在消费社会中，这几乎是不可避免的"。很明显，贝尔的论断已成现实，这正是我要这样做的理由之一。其次，在探究与完全呈现文化产业创意思维逻辑与产业运营系统模式上，没有一个类别的文化能像视觉文化那样轻易地涵盖所有可能的文化创意思维逻辑与系统性的全产业链运营模式。也就是说，当我们掌握了视觉文化产业创意思维逻辑与产业运营系统模式后，便具备了文化产业创意的一切可能的思维逻辑及建立产业运营系统模式的所需能力，也具备了价值资源的创意文化产品实现的思维逻辑及建立产业运营系统模式所需的能力。

接下来我们需要解决的便是该怎样来理解与认识"价值资源的创意文化产品实现"。本书所定义的价值资源是指具有商业潜力的各种待开发资源。如果以文化资源为参照系，那么价值资源包括文化资源（本书提及的文化资源均指具有商业潜力的文化资源）和其他各种具有商业潜力的资源。而创意文化产品实现，在本书中则包含这样两个方面：一是指在奇袭思维下所带来的常常被认为不可靠创意、不可能成为现实产品或不具可行营运的创意文化产品实现；二是指价值资源中其他非文化属性的各种具有商业潜力的价值资源，在通过某一或某一系列的创意行为与过程后，最终得以实现的可供消费的文化产品。这一属性的创意文化产品实现相对于直接由文化资源实现创意文化产品具有一定的实践复杂性，因而，本书也将这一非同寻常的创意文化实践称为"非常创意文化产品实现"，而这一属性的创意文化产品的实现对价值资源转化成 IP 所带来的可能，对经济在借助文化战略实现突围上，则彰显得更具无限可能。

此外，在阅读本书时，你还得清楚地知道这是一个创变者的手迹，并非学院派人士笔下严谨却难以致用的学术理论，因而，你完全不必纠结于不严谨的学术用语或概念的表述习惯。但即便这些所谓的缺陷在学院派看来是多么的跛脚，也并不影响本书所经纬的思维补充或充盈了文化创意的现有理论，甚至于堂而皇之地成为新理论。因为，天知道这确实已是一个毋庸置疑的事实——"实践决定理论"（邹韬奋）。

二

在笔者解决了以上几个最容易让读者形成困惑的问题后，

我们是不是也该来谈一谈"关于本书"?

若谈关于本书,我们似乎不得不从"创客"开始。创客(Maker),是指出于兴趣与爱好,努力把各种创意转变为现实的人。最早起源于美国麻省理工学院比特和原子研究中心(CBA)发起的微观装配实验室(Fab Lab)。早在 1998 年,位于美国马萨诸塞州剑桥市的麻省理工学院(MIT)Gershenfeld 教授在 MIT 开设了一门课程"如何能够创造任何东西",这很快成为他最受欢迎的一门课。没有技术经验的学生们在课堂上创造出很多令人印象深刻的产品,这种可以实现随心所欲的个性化需求的目标,也逐渐成为 Fab Lab 萌芽的创新研究理念。2008 年 9 月 26 日,Gershenfeld 教授在北京举办的"迈向创新2.0 的应用创新园区与 Fab Lab"城市管理应用创新园区——麻省理工学院 Fab Lab 交流会上这样说道:"创客的到来正预示着第三次数字化革命浪潮——'个人制造'时代的到来。"而就在当年年底,全球已经建立了 30 余家遵循类似 Fab Lab 理念和原则的实验室。

那么,在中国又是如何谈论"创客"的呢?中央财经大学财政学院党总支副书记、教授白彦锋这样定义:"凡是具有创新精神和创新思维的都应属于'创客'。"中国国务院发展研究中心副研究员石光表示,虽然"创客"是一个新词汇,但它所对应的概念早已有之。

由此，"创客"能写入 2015 年政府工作报告也非意外，这只不过是一个时间问题。但，让我们格外注意的是，李克强总理在 2015 年政府工作报告中谈到"创客"时却注解了一个很细节很情感化却又耐人寻味的强调与总结。他说："众多'创客'脱颖而出，文化创意产业蓬勃发展。"而这一细节，也正是本书之所以能够与广大读者亲密接触的重要因素之一。而且，这已经是一个极其令人厌恶烧炭的新时代，你不可能将自己的企业带入全球气候框架之外的绝境中，或是置全球第二大经济体要在新时代践行的"创新、协调、绿色、开放、共享"五大发展理念于不顾。如果你这样做，那就是你的不对了，别说谷歌与中国政府的曾经对抗是多么正义，事实上它在实现自我扩张的霸道价值意识中，却忘了准入的游戏规则。当然，这一切并不代表笔者完成本书的真正意义所在。

事实上，文化创意并不是近年来才在中国兴起的一个新鲜领域。2007 年，时任国家主席胡锦涛在党的十七大报告中已明确要求"推动社会主义文化大发展大繁荣""兴起社会主义文化建设新高潮，提高国家文化软实力"。十年后的今天，国家主席习近平在党的十九大上更是掷地有声地发出"坚定文化自信，推动社会主义文化繁荣兴盛"的伟大号召。在这些大背景下，中国的文化创意产业开始从几近麻木的不新鲜向脱离陌生产生前所未有的蜕变。同样在这些大背景下，2008年至今，笔者开始完全以一个职业创变者和独立创意人的身份参与了一家知名智库机构关于"价值资源变现IP经济"的课题研究与项目实践。课题主要探讨如何借助文化发展战略（文化产业）这一路径来完成价值资源的IP变现，而视觉文化被列入了课题研究对象，即从视觉文化身上来探讨和验证文化发展战略能否帮助经济快速崛起。由此，文化如何产业化、艺术形象如何产品化、价值资源如何变现IP经济等一系列文化软实力创新创意课题研究与项目实践便日新月异。

本书正是笔者基于这一课题，讲述了在新时代，价值资源该如何通过文化产业这一路径，完成创意文化产品的实现来迅速变现IP经济，即讲述一个"从资源到资本到市场到货币置换"的完整蜕变故事，试图努力在新时代下"使你成为职业的新经济创变者"。

书中第三篇为实操公开课，主要介绍了笔者直接参与并主持设计的四个项目案例，每一个案例构成一章。前两章，笔者通过案例着重讲述了创意文化产业的顶层设计方略和文化的"三驾马车"（产业孕育、市场引导与产品消费），或者说集中透析文化产业的母体效应、造血功能和特有的"创意文化产品营销手法"；后两章，笔者则在创意产品实现的思维逻辑上表现得苦口婆心，不厌其烦地通过大量烦琐而具体的终端产品讲授案例，来试图培育作为一名职业创变者必须具备的正确思维逻辑的能力。

目 录

Contents

第一篇
创变思维

　　文化带给经济制造的红利远远超过我们认识的历史，但一切不会因为我们没有看到就不存在，就好像你学与不学，知识永远在那儿，这便是意志控制之外的客观事实，因而，文化被认为拥有一股强大的力量。在20世纪80年代，西方学者将文化的这股力量正式定义为软实力。

　　从经济层面来看，软实力不仅带来了可观的文化经济，还源源不断地向我们输出着IP经济。这是早就发生的事，你或许不会忘记那令人记忆深刻的韩剧《大长今》，它起初不过是一个简单的视觉文化产品，而随着热播这一事态的发展，奇迹发生了，该产品中的有效资源（价值资源）也在迅速蜕变成一个个重量级IP。让我们将时间再向前推，在20世纪50年代中后期，国内上映了一部在云南省大理拍摄的经典之作《五朵金花》。在它身上，也发生了同样的奇迹，而更令人难以置信的是，就在超级IP"五朵金花"诞生后，大理竟彻底走出了因地理缺陷而陷入的经济发展困局。

一件文化产品①何以如此能够？似乎很难想象。但无论是《大长今》还是《五朵金花》，都在历史的一角向我们传递着这样一个信号：文化软实力催生了价值资源变现IP经济的能力，为经济的崛起或发展开辟了无限可能的新谷场。

---

① 有必要做出说明的是，文化产品之所以能够释放它们非同凡响的功能和软实力，必须是在文化产品已经实现或正在实现热播的前提下。为避免烦琐，我们在本书中不会反复提醒这一点，因而需要读者引起注意。

第一章

价值资源 IP 之路的金融焦虑

在金融亮出红牌之后，没有一桩生意可以安然无恙。不幸的是，国内的文化在产业化中遭遇到了这种不幸，而我们似乎什么也做不了。有这样一句诗："朝为田舍郎，暮登天子堂"，或许这正是一个产业在得到金融宠辱前后，可以体味到的地狱与天堂。因而我们说，金融是文化产业的迟来香客。在引起它的兴趣之前，文化产业只得继续啮雪餐毡。

那么，作为价值资源通往 IP 化的路径——文化产业，在金融方面如何做到完美破冰？这是一个令人焦虑的问题，但一旦得以治理，一个崭新的文化产业大制作时代也将随之而来。

失败的最后往往会留下一个甜果

管理学理论奠基人亚当·斯密曾在《国富论》中提出"经济人"的假设，然而在经过200多年经济社会演变后的今天，再也不会有人对"经济人"这一概念感到惊异与唐突。走在大街上，谈论股市的人们已是长街十里，他们可以把每日股指记得清楚，也可以把小盘股与大盘股来个较为专业的分析与预测，由此，我们便可以说他们是经济人。但需要强调的是，在广泛经济领域中，千万不要认为只有像这些谈股论市的人才算经济人，诸如拾荒者，也是经济人。这是不难理解的，因为我们谁也不能否认他们的行为不是一种经济行为，而只是为了打发那些闲得发慌的无聊时间。

既然说到拾荒者也是经济人，那么我们会很自然地将文化的产业化行为归入经济行为范畴上去。为什么？因为我们看到了文化产业化行为的背后隐藏着"资金"这一敏感的经济名词。如果说在市场经济年代对于文化产业经济的发掘者来说，还是一个需要积极规避的行为经济，那么在21世纪羽翼丰满的市场经济年代，在文化产业经济领域中趋之若鹜的拓荒者们已是济济一堂，只是在拓荒的能力与程度上还远不如西方来得完美与强劲，譬如有效资源的整合、产业链运营系统模式的成熟构建等一些亟待完备的能力。由此，那些自觉落伍的拓荒者们开始浑身不自在，并粗暴地声嘶呐喊，向这个有着五千年文化底蕴的古老国度发出无理声讨。

而与此同时，另一群头脑冷静的拓荒者却开始思索这样一个困惑：为什么年总产值 50 亿～60 亿元的中国电视剧文化产业，会陷入一年亏损 40 亿元的不堪局面？① 有一种观点认为，选择文化产业作为投资方向是个严重的决策失败。然而当我们看到西方在电视剧文化产业上更胜一筹的经济行为时，这一观点显然是个很糟糕的玩笑。譬如，美剧《欲望都市》，在 1998～2003 年 5 年间完成了六季的产量；《权力的游戏》，在 2011～2017 年 6 年间完成了八季的骄人产量；至于《西部世界》，在 2016 年完成第一季后，便火速进入第二季的拍制档期。

西方电视剧产业的这种更胜一筹的经济行为，让我们获得了这样一个明确的信号和结论——成熟、健康的可持续产业生态。无论是历经 20 年仍热度不减的《欲望都市》，还是新秀《西部世界》，毫无疑问都对此做出了有力背书。而事实上，这

---

① 张国涛、胡赳赳：《中国电视剧缺什么？》，《新周刊》，2005 年 7 月 15 日。

个信号与结论也无疑是对国内电视剧文化产业，对整个文化产业至今表现平庸的现状给出了答案。

这并不是一次恶意的诽谤，请注意致使拓荒者们陷入困惑的数据来源"文献"，该文献的公开发表时间是在 2005 年，也就是说截至 2005 年，国内的文化产业生态依旧不容乐观。那么，何以肯定这一生态的严峻性在今天并未消殁，很明显，我们仍未创作出属于自己的巅峰产品——《欲望都市》。

那么，什么是影响国内文化产业生态问题悬而未决的决定因素呢？资金？是的，正是它，除了它没有谁会有如此影响力。

让我们先来看一下生产对一件文化产品的影响。其一，文化产品生产上的大制作与小制作。若以一件视觉文化产品为例，从技术角度来说，制作通常由内容生产者、导演、演员与后期四大主要要素组成。小制作是指出品单位组织普通或更为廉价的内容生产者、导演、演员与后期共同完成产品的生产；大制作是指出品单位组织知名的内容生产者、导演、演员和后期共同完成产品的生产。从生产成本角度来说，小制作是指投入较少的成本来完成产品生产，即常称为"小成本制作"；大制作是指投入足够的成本来完成产品生产，即"大成本制作"。其二，分别选择大制作与小制作的文化产品对收入业绩的直接影响。2008 年，大制作产品《见龙卸甲》的票房为 7102 万元，而同期排片的小制作产品《黄石的孩子》却仅有 1500 万元。由大制作的定义可知，生产上的四大主要要素应同时满足"知名性"条件。那么，这种业绩的不可比性在 10 年后是否发生了改变？让我们来看这样一个真实的例证：在 2018 年 1 月的某天，国产《前任 3》正在得意它日进 1 亿元的高票房时，不料同期排片的好莱坞大制作《星球大战 8》却已以 12 亿美元的骄人收入名列全球票房周榜。由此，产品的小制作相对于大制作的这种业绩上的惨淡，可以说是绝对的。因而，困惑的拓荒者们从这一结论中，应该是得到了一个合乎因果的答案。

但我们很难肯定，小制作现象在长期困扰文化产业化后，对产业生态的深层破坏程度要如何给出一个肯綮的衡量，但有一点却可以肯定，惨淡业绩所厚积的资源浪费是它带来的一个日趋严重的副作用，这种副作用限制以致打断我们对稳健的产业生态的推进。2003 年，我国的人均 GDP 突破 1000 美元[1]，按照经济学家给出的结论，我国的文化产业在发展上应到了一个表现不俗的新起点，但显然，我们至今也未感受到这样的繁荣。

---

[1]　欧灿：《2003 年我国 GDP 增长 9.1% 人均 GDP 首次突破 1000 美元》，《解放军报》，2004 年 1 月 21 日。

小制作的表现总是很差劲，上文的相关论述与数据告诉了我们这一点，因而，文化产业者们并不指望它能带来什么甜果。那么何以又无法摆脱？这个问题放在这已并不复杂，那便是"资金焦虑"。文化产业者们同它是否发生关系的根本取舍将由资金决定。资金的焦虑，事实上正残酷消灭着文化产业者在文化产业化经济行为中可能的卓越表现。

因而，我们也确信收到了一个"甜果"。在这种焦虑中，我们开始意识到大量资源的浪费，也开始意识到在它们面前已经出现一条通往IP化的通道。

我们发现价值资源离货币的距离只差这条"路"

虽然原本并不指望能带来什么"甜果"，但我们最终还是发现，价值资源离货币的距离原来只差这条"路"。当然，这并不是一条真正的路，而是路径。在这里，我们发现了一条文化产业整合地域资源的最佳路径（至少在本书看来是最佳的）。具体到文化产品来看，主要是指能够通过电视、电影、互联网这一类主导大众的媒介进行传播的文化产品，通常指视觉文化产品，而在这类文化产品中，尤以电视剧和电影的表现最为翘楚。

譬如一件在传播上获得成功的电视剧产品，若我们事先在生产过程中便赋予了它整合地域资源的使命，那么所产生的影响与价值远不是它作为一部戏本身所创造的财富可以比肩的。诸如这样一件被赋予执行使命并在传播上获得成功的文化产品，不仅会完成地域资源向有效资源的转变，甚至还会创造出足以改良地方产业结构的新生有效资源，因而，这并不是一种普通的经济行为能够做到的。

这种经济行为可以认为是一应俱全的，从最初生产一件文化产品的单一行为，派生出生产、开发、广告宣传（市场引导）等经济行为。至于它在促成地域资源向有效资源转变上更是表现不俗，诸如旅游、矿产、饮食、服饰、民俗、历史、政治等，无一例外。因而，我们在上文提到了这种经济行为的几点现实价值，可概括为：其一，产生的影响与价值远非一件文化产品在作为简单产品所创造的财富可以比肩；其二，完成地域资源向有效资源转变；其三，创造新生有效资源。

由此，我们得到这样一个结论：执行这种经济行为的路径——文化产品，具有母体效应。也就是说，文化产业是一个能够将价值资源转化成 IP 的母体产业。MBC（韩国文化广播公司）于 2003 年出品的电视剧《大长今》，可以说是此结论的代表性案例。《大长今》当年在被湖南卫视以 1000 万元人民币买断内地播放权后，首轮就为湖南卫视赚取 1060 万元人民币的随片广告费。此后，投资者们又凭借片中的有效资源开拓出一条增值产业链，以至开发上、下游附属产品以及新兴的产业、商业，诸如大长今主题公园、服饰、泡菜等众多附属产品皆已高山打鼓——名声在外了。当然，仅此案例并不能足以认识这一结论，因而，我们将在第四章专门讨论。

失意的人均 1000 美元 GDP 给出的信号

一个拥有五千年文明史的古老国度，在 21 世纪新型市场经济模式下，文化的产业化早该走过应有的发轫期，驶入快车道，何以在日本、韩国以及美、欧等西方国家面前仍只能望其项背？这给我们带来太多的思考。

根据《新周刊》在 2007 年 8 月专访北京大学文化产业研究院教授王齐国所采获的内容资料，我们可以清楚地看到美国的文化产业在十年前（2007 年）便已高度发达，以至对全球文化产业形成事实上的控制，甚至说是统治。资料告诉我们，21世纪初，在美国400家最大最富有的公司当中，便有72家是文化公司。美国的文化产业产值已占其当年GDP总量的20%，大约是26000亿美元，接近或相当于中国当年GDP总量①，占据着40%的国际市场份额，控制了全球75%的电视节目的生产与制作，电影产量虽只占全世界的6.7%，却占领了全球50%的放映时间。让我们来看这样的一个典型案例，因为它告诉我们十年前美国高度发达的文化产业所产生的影响力经济：如果中国香港要建一家迪士尼乐园，美国就要拿走40%的授权费，在当年便是100多亿元。此外，材料必须用迪士尼标准，还要按照迪士尼制定的商品去消费，这便是一个文化产品成为品牌后的话语权，或者占有权。

再看日本与韩国。2002年，日本的娱乐业有一个方面，就已经超过了汽车工业。发达的文化产业驱使日本长期以来致力开拓中国的文化市场，以至在影视、卡通、动漫方面占据了中国市场的较大份额。特别是日本的动漫，曾经一度占领了中国的整个市场。而韩国，则雄心勃勃地提出到2010年，文化产品要占到世界市场份额的5%。让我们来看这样一个众所周知的经典案例，它证明了韩国文化产业十年前的强劲实力：网络

---

① 据中国国家统计局公布的数据，2007年国内生产总值达24.66万亿元人民币。

游戏和电视剧是韩国文化产业中的龙头内容，网游产品《传奇》自2001年以30万美元被上海盛大买下后，便一度成为上海盛大CEO陈天桥发迹的爆发点。

王齐国教授在《新周刊》如此断言："一个国家的强大，不仅需要强大的经济实力，而且还需要软实力。"美、日、韩三国高度发达的文化产业所带来的强大文化影响力以及影响力经济，为他的断言提供了无可反驳的论据。那么，同样是十年前，我国的文化产业化又是怎样的呢？此外，作为读者，你肯定也有个疑问——为什么对"十年前"如此感兴趣，这其中又向我们传递了什么信号？

严格地说，我们对"十年前"并不是感兴趣，而是对国内文化产业化的发展进程有所悲悯和遗憾。那么，十年前到底发生了什么？经济学家们有这样一个共识——人均GDP达到1000美元时，人民生活水准将会从过去的温饱型转向精神消费型，这时精神消费商品就会升级，文化产业就会进入一个快速发展期。2003年，我国人均GDP达到了1000美元，就是说在十年前的这个时间点，我国的文化产业化应该进入快速发展期，这是毫无争议的。如果这种毫无争议确实上升成了事实，那么甚至可以肯定，我们在今天便不会再有对软实力抱以焦虑的机会，因为我们可能正手握着文化产业的繁荣所带来的获得感。

　　但结果并不尽如人意，我国的文化产业化在 2003 年并未如是进入快速发展期，即便美、日、韩等国高度发达的文化产业在十年前以睥睨天下的姿态做过提醒，即便目睹过美国的文化产业所创下的年财富接近或相当于中国 GDP 的年总量，这是令人十分不解的。资金的焦虑虽然能直接束缚一个国家文化产业前进的脚步，但这并不是这一结果发生的最好理由。那么，是什么决定了这一结果？

　　尤为遗憾的是，我国的文化产业化进程在今天仍未发生实质性的改观。在本章前几部分的内容中，已对此做过相当多的阐述，但我们还是很容易被文化产业一些表面上的虚假繁荣所迷惑。譬如在视觉文化产业领域的这两种虚假繁荣：一是票房上的虚假繁荣。十年前，我国票房收入的计算单位通常为"万元"，而今天"亿元"已较为常见。但事实上，这种结果并不令人感到意外，要知道我国的经济体量与购买力已经完成了不同凡响的突飞猛进。二是生产上的虚假繁荣。小制作现象的依旧泛滥，为这种虚假繁荣做下了最有力的注解。我们在本章的相关内容阐述中，已经为此忧心忡忡。

　　很明显，我们对国内文化产业的发展现状颇有微词，更对 2003 年耿耿于怀。那么，一个国家何以要追求高度发达的文化产业？可以说，美、日、韩等已经实现高度发达的国家至少向我们传递了这样两个价值信号：一是新经济——影响力经济的产生；二是国家软实力的形成。在一个极其厌恶烧炭的新时代，能够想象这两种价值意味着什么，特别是国家软实力形成后的战略性价值。如果一国的文化在其他国家被认同，将给这个国家带来强劲的文化输出机遇，而作为文化输出国在其提升国际竞争力与影响力的同时，甚至可能"征服"或摧毁输入国的文化、信仰、政治，美国学者约瑟夫·奈伊在 1990 年便做过这样的表述："软实力是一种怀柔招安、近悦远服的能力……一国的文化、政治理想及政策为人所善，软实力于焉而生。"由此，我们也得到了这样一个结论：防御外来文化入侵，还有什么能比强大的软实力更富免疫力呢？

一道曙光：早期的"华谊经验"与成功的自身蝶变

如何才能获取文化产业所带来的两种"无碳"价值？除了终结国内文化产业化进程的萎靡现状，终结对产业生态充满破坏的虚假繁荣，致力文化产业化的跨越式升级发展，我们似乎并没有发现一条能够轻松抵达目标的捷径。但很显然，我们可能更需要一些将"农奴制"直接改写成现代文明社会的勇气与能力。

破除"农奴制"，跨入新时代，我们在今天同样到了必须正面对待并完成这一文化产业梦的历史性时刻。如何突破文化产业化自身建设的瓶颈，也由此成了一个首要问题。这一问题告诫我们，在产业的发展布局上，必须要从文艺作品的单一生产转变到"文化产品及其关联的上下游有效资源进行全产业链开发生产"的全面生产上来①。

发展文化产业，根本上依赖于内容的生产。内容具有基础性的地位，就一件文化产品而言，谁握有高质量的内容，谁便将赢得市场的竞争力。譬如，湖南三辰卡通集团（原为湖南三辰卡通公司）制作的动画产品《蓝猫淘气3000问》，优秀的内容帮助三辰成功实现从文化产品的单一生产，到艺术形象的商业开发，到有效资源（其他被孵化成功的价值资源，包括事先植入文化产品的和文化产品成功热播后催生的）IP化的商业开发的全产业链生产与收益。我们发现，经由"蓝猫"崛起的三

---

① 在这里出现的"文艺作品"和"文化产品"，理论上可以统称为"文化产品"，因为它们本质上确实是文化产品。但在两种生产中，由于它们在生产要求上的不同又决定了不能统称，譬如后者考虑并着重融入了市场的需求，而前者往往并不刻意追求这一点。

辰，动漫节目制作量在 2005 年跃升全国总量的一半以上（53%），截至 2006 年底，累计向 16 个国家和地区完成出口。湖南省因此有了一个更远的想法，决心通过卡通、动漫产业来擘画具有地域特征的文化产业新图景，以期构筑"文化产业大省"为新标签的新经济。

发展文化产业，资源加创意是产业化运作成功的根本保证。我们来看华谊兄弟公司早期的一些产品案例。截至 2008 年，在该公司所推出的 30 多部产品中，70% 实现了盈利。其中《功夫》《天下无贼》两部产品都是当年票房的冠亚军，《功夫》更是创下了当年中国电影票房 1.73 亿元的收入；《夜宴》也是风靡亚洲，在它还未成品前，播放权便已售罄。华谊到底是怎么做到的？早期的"华谊经验"对国内文化产业，特别是视觉文化产业的快速发展或弯道超车提供了一定的借鉴和启示。一是生产上专注于大制作。成功借鉴以大投入、大制作、大产出为特征的好莱坞商业模式。二是推出分账片，实现海外分账模式。在中国电影界，华谊算得上是第一个吃螃蟹的人，电影《大腕》是中国第一部实现全球票房的分账片，这种合作方式给华谊带来丰厚的收益。在 2005 年前后，华谊的发片市场占有率达到 11%，占国产影片的 33%，在全球电影市场上已经获得一席之地。

　　我们看到，要想使国内的文化产业真正突破产业化的自身瓶颈，实现蝶变，早期的"华谊经验"为之提供了一种可能。大制作、大投入、大产出的商业模式将给进退维谷的现有发展理念带来一次变革创新的机会，以至扭转国内表现平庸的文化产业跨越到了"文化产品及其关联的上下游有效资源进行全产业链开发生产"的全面生产和 IP 化上。而这种主动放弃过去单一生产文艺作品的拘谨局面，将为文化的产业化经济在获取资金支持上迎来一道曙光。

商业模式下的金融焦虑

　　如何理解商业环境下的文化经济概念？我们以最具有代表性的视觉文化为例。譬如，在商业模式下运营的视觉文化，我们称为商业电影、商业电视等，即一部视觉文化产品将不再被完全以艺术来对待，而是从对编剧、剧本、导演、演员等影响产品市场的因素的追求上，以及对产品上下游有效资源 IP 化的商业追求上，都将取决于经济价值。

　　商业电影为了产生高票房，就需要尽量多的观众来观看，这致使商业电影在拍摄之前，势必遵从投资方的要求来进行一部影片的"市场定位—目标市场的需求分析—需求实现的产品设计—产品生产"。能否最大限度地体现与满足不同观众的兴趣点，决定着商业电影的成败，所以商业电影往往得融合多种因素来迎合观众多变的口味，因而一部成功的商业电影，从编剧创作剧本开始就不得不考虑诸多因素，导演则更是殚精竭虑。如此，一部商业片事实上要比艺术片费心得多。冯小刚算是最有心得的，他说："什么时候我江郎才尽了，我就去拍艺术片。"

在商业电影领域，成功的影片虽如数家珍，但损兵折将的却也比比皆是。奥斯卡影帝凯文·克斯特纳投资并主演的《未来水世界》，亏损就近2亿美元。施瓦辛格主演并监制的《最后的动作英雄》动用了无数明星，却也在票房上一败涂地。可以想象，这些充满"大制作"气息的商业电影的失败，对起步较晚的中国文化经济造成了不小的消极影响。而且，由于国内文化产业的小制作现象的沉疴痼疾，造成市场的长期不信任，致使商业化下运营的文化产业不容乐观。因而，持仓观望一时间成了投资者们规避文化产业市场风险的一种有效选择，以至文化经济进入漫长的寒冬。

在投资者当中，把持着资金命脉的国内银行业表现得尤其理智与赤裸，作为最有话语权的资金主导者似乎从没看好过文化产业这一实体经济。文化产业最多时候也只能在银行大门前逗留、张望，致使文化产业的全面生产面临危机。至于在大制作、大投入、大产出的商业模式下的文化经济，更是沦入金融困境之门。

治理焦虑："信用"之药

文化的产业化虽能突破自身发展的瓶颈，但在商业模式运营下若遭遇资金即金融瓶颈，无疑又将深陷"巧妇难为无米之炊"的困境。如此，姑且残喘已属不易，更别妄想有朝一日来个大制作什么的。但长此以往，文化产业的宿命只能是继续萎缩，以至文化经济只能以持续低谷徘徊。而这种结果却也反复提醒我们，文化产业领域长期以来占据主流的小制作现象，以及国内金融的主观疏远，对金融瓶颈的形成无疑给出了合理解释。

尽管如此，我们仍有扭转一件优秀文化产品命运的可能，而这种可能存在于我们能否成功实现金融与文化产业的对接，打通国内文化产业在全面生产和商业模式下运营与繁荣的金融瓶颈，最终促使金融杠杆成为驱动文化产业化的坚定拥趸。如是，在稳定的资金流下，文化产业才会迎来自己充满朝阳的春天，收获诸如大制作产品《大长今》所贡献的丰厚的文化经济。

如何打通这一金融瓶颈，实现金融与文化产业的成功对接？充满活力的第三方金融无疑是文化产业的福音。我们发现，在商业诉求下的国内银行业已经不惜自损信贷结构，来全面规避可能触发高风险的信贷业务产品。针对这一现状，如果第三方金融主动请缨、顺势而为，构筑与推崇"经营信用①"和"信用经济②"，恰恰是消解银行信用资金（信用放贷资金）在文化产业投资中可能面临高风险的有效药方。

在药方明确后，我们便可以建立信用金融平台——信用资金安全区，来谋求两大产业的对接。首先，让我们来简单了解

---

① 经营信用。可以借助经营信用贷来理解经营信用。经营信用贷即信用贷，是指银行面向中小企业或个体经营户发放的无资产抵押贷款，凭借经营及资产实力发放的信用贷款。

② 信用经济。是指以评级为主导，以信用为基础，形成生产与信用、信用与评级的运动过程。有一种观点认为，市场经济也是信用经济。理由是，诚信是市场经济的基础，没有信用，就没有正常的交换，就没有秩序，经济资源就不能达到合理、优化配置，市场经济也就不能正常运行。市场经济越发达，就越要求讲信用。按照这种观点，人类经济社会在跨越了自然经济、产品经济、市场经济和资本经济几个阶段后，必将迈入信用经济时代。

一下信用资金的萎缩与文化产业对信用资金诉求的原因所在。在中国，金融业自20世纪90年代中期进入改制期后，国控的专业银行快速向商业性银行过渡，以市场为晴雨表的银行业从那一刻起，信贷结构中的抵押、质押、信用三大业务产品中的信用放贷也加速走入了留用观察期。而在新时代的今天，我们发现，形成完全以市场机制为诱导的商业性银行，在追求严控资金流失，遏制不良资金生成，以及加速资金回笼率的前提下，渐行渐远的信用资金早已成了不折不扣的历史。这对于文化产业无疑是个噩耗，其根本原因在于作为精神供给的广泛以介质形式存在的文化产品，其资产值往往很难认定。也就是说，这种"介质产品"在没有兑现为货币前，事实上没有人敢轻易认可它们的实际资产值等于多少货币量，以至于很难与其他信贷产品建立业务关系。因而，文化产业如果要完全摆脱小制作现象，进入大制作、大产出的商业模式，那么在通往金融的通道中就必须再次点亮"信用"的绿灯。

游弋在完全市场经济中的银行业，在投入、盈收和亏损的三大利害关系面前，要使它一改初衷重启信用资金，显然得重建规则。由此，我们势必要在两大产业之间建立一个资金安全区，以便结束双方长期以来实际形成的"冷战"关系。这一安全区便是"第三方金融"。那么，作为安全区角色的第三方金融，它是如何从银行业取得话语权的？它在内涵上是否与一般意义上的第三方金融公司有所不同？

我们肯定它并非一般意义上的公司。这种不同主要在于它应执行如下限定：一是提供的服务只限于文化产业领域；二是它可以完全以第三方的角色向文化产业领域开展信用资金的民间放贷与银行信贷担保等业务活动，也可以直接参与文化产业领域的产品或项目的投资活动；三是它主要由文化产业类企业或公司等主体①共同发起组建，但并不表示拒绝那些实力财团或其他健康外资的示好。但作为安全区，得十分小心地过滤那些投机的发起人或风险外资，因为这会令银行业感到不安，甚至丧失对安全区的信任。

而银行业对安全区的信任，主要是基于第三方金融拥有了足够消解信贷资金风险的能力。或者说，这一平台在财力上已做到足以保证并出色完成银行业关于严控资金流失、遏制不良资金生成、加速资金回笼等诸多金融安全的诉求。因而，我们可以将这一信任理解为一种稀有属性，是第三方金融在银行业取得话语权的核心力量。

拥有话语权的第三方金融，相当于获得了一张金融界的信

---

① 为什么限定文化产业类企业或公司主体共同发起组建？答案很浅白，相同命运与追求的主体组成命运共同体，在目标诉求一致的驱使下有利于内部的稳定。

用通行证，以至信用资金的重启成为事实，而身在严冬的文化产业经济也将由此迎来活水。

第三方金融在成功打通文化产业的金融瓶颈后，事实上便为国内文化产业在大制作、大产出的商业模式下的大成本运作提供了卓越坚实的金融环境。在对"文化产品及其关联的上下游有效资源进行全产业链开发生产"的全面生产和 IP 化上提供了强大的金融支持、后台担保和参股投资，使价值资源在以资本的身份进入市场后，尽可能实现利润最大化。

不难断定，金融杠杆一旦成为坚定拥趸，我国的文化产业在商业运营系统模式下将会加速蜕变——告别多年的平庸和低迷，告别多年的小制作，进入一个大制作、大投入、大产出的新时代。

第二章

IP 经济：边缘地区从突围到热土的核变

边缘地区该发展何种产业才是最惠最见效的经济突围策略？毫无疑问是可将价值资源迅速转化成 IP 的文化创意产业。那么，何以说发展文化创意产业是上上之举？

先让我以一定的篇幅就一欠发达边缘地区发展文化创意产业的前瞻性做个实例求证。20 世纪 80 年代之前出生的人，这一部影片应该不会陌生，它便是《五朵金花》。

在我国云南省，有一个大理自治州。那里风景优美，苍山、洱海、蝴蝶泉享誉天下；那里盛产着山茶花，素有"大理茶花甲天下"的美名。故那里的白族姑娘常以金花取其名。影片《五朵金花》的创意也正得于此，它通过讲述一对白族青年男女有趣的爱情故事，反映了新中国边疆地区少数民族幸福、欢乐的生活，是我国电影史上不可多得的一部具有抒情色彩和民族特色的生活喜剧。在它一经问世后，便受到了全球观众的热烈追捧。当我们也同样倾醉于这一令人振奋的成功瞬间时，或许更多的却是深深折服于文化所产生的奇特魅力。如果不是这一部文化产品，对于众"金花"而言，一生中最大的价值莫过于伴着苍山、洱海、蝴蝶泉，再去拉上一段鲜为人知的儿女情长，仅此而已。然而，当她们被包装推出后，"金花"却出人意料地走出了国门，成了世界级"金花"。

令人更为惊叹的是，大理却凭借着这么一件文化产品，成功实现价值资源迅速变现的 IP 经济，成功实现以创意文化产业经济为龙头的经济软着陆计划，摇身从经济突围境遇到经济热土的惊艳核变。

成全了"五朵金花"才成全了大理的未来图景

一件文化产品，即便是充分考虑市场需求后完成的生产，也不能罔顾它首先是件文艺作品的事实，电影《五朵金花》也不例外，它实现了我国新时期的喜剧艺术风格。周恩来总理曾在1959年的一次新片展览月上如是评价："我们的电影已经开始创作一种能反映伟大时代的新风格……一种革命的现实主义与革命浪漫主义相结合的新风格。"但就在《五朵金花》完成艺术使命之后，另一个故事开始了，我们看到金花出生地——大理，却凭借它成就了自己的未来图景。

《五朵金花》尽管是中宣部、文化部当年点名拍摄，但云南省并不想做个旁观者。时任云南省委宣传部部长的袁勃对影片导演表达了这样一个意愿："这部片子要宣传云南、大理，所有演员必须使用云南人。"云南省正是根据推出云南、推出大理这一根本的生产宗旨，对该产品提出了诸多要求：将大理的苍山、洱海、蝴蝶泉等各种富丽的山水资源，白族人特有的诸如"三月三"等人文风俗资源，颇具民族特色的饮食、历史文化等资源在生产中进行了广泛而深入的植入。云南省这一可谓种花引蝶、谋求文化产业的发展策略，实则对于经济底子薄、地理上缺乏资本引入环境的边缘边陲地区实现经济突围的上上之举，事实最终证实了这一点。

《五朵金花》在上映后，不仅花开国内，且香飘全球。自1959年，《五朵金花》先后在46个国家公映，创下当时中国电影在国外发行的纪录。五朵"金花"的主扮演者杨丽坤也在20世纪60年代埃及开罗举行的第二届亚非电影节上夺得最佳女主角银鹰奖，时任埃及总统纳塞尔还邀请她前往埃及领奖，并亲切接见了她。由此，国内外掀起一股"金花热"，"金花"一时间成为国人模范的代名词和荣誉的象征。至于大理，也巧借着"五朵金花"这一超级 IP 打开了经济发展的瓶颈，奠定出一条由文化旅游产业为主导型支柱产业的绿色发展之路。

随着《五朵金花》全球热播所产生的传播效应，大理一夜间成了全球瞩目的焦点。时至今日，日益高涨的大理旅游经济早已让大理摆脱了地理缺陷的阴影。据《大理日报》2020年1月21日的报道，大理市于2019年共接待国内外旅客2062.2万人次，同比增长11.76%左右；实现旅游总收入401.34亿元，同比增长12.63%左右，旅游总人数、旅游总收入双双保持了两位数增长，同比增幅均超10%。

我们看到了低梯度经济发展的完美跨越

地理上的边缘区①往往因为空间距离、边界、效益、成本、历史等因素造成过多的负面积累，导致其工业化程度较低、市场化程度低及基础建设薄弱等不利的经济环境，致使边缘区在经济发展上完全处在低梯度上。因而，地理上的边缘区相对中心区在经济发展中所拥有的资本、技术、人才等占有上的优越感只能望洋兴叹，但这种失重现象并不表明，边缘区实现低梯度经济②的跨越发展已失去可能。

我们在调研中惊喜地发现，边缘区所拥有的诸如生态、人文、历史等宝贵资源正是现代社会倡导的新型、无碳的健康消费资源，而这正是中心区无法满足人们日益增长的一类文化消费。

---

① 边缘区包括：一是在地理上处于边陲的地区；二是在一个行政区域中，地理上相对于区域中心的地带。

② 如果以基层行政区为单元，把各行政区的人均国民收入或人均国民生产总值数标示在各行政区域的中心附近，把数值相同的点连接成线，编制成地区经济发展水平的梯度分布图，可以在地形图上反映出国家或某一区域经济发展水平由高到低的梯度变化状况，而这一变化状况即为"经济梯度"。由于受地理环境等因素的影响与限制，边缘地区的经济发展水平常处在低梯度上，我们在本书中将这些地区的经济状况称为"低梯度经济"。

《2006年：中国文化产业发展报告》显示，2005年，北京、上海、广州、深圳等十大城市居民最想做的便是文化休闲活动，其中有11%的居民为"郊游露营"，9.7%的居民为"登山"。而这份报告在过去近十年后，稳增长的旅游经济显然已对边缘区稀有资源的价值完成了论证。让我们来看中国旅游研究院2014年末出具的一份统计①，统计数据显示，2014年全年，中国国内旅游人数达36.3亿人次，同比增长11.4%；国内旅游收入达3.1万亿元，同比增长16.3%，国内旅游总消费2.6万亿元，同比增长15.72%。当然，这并非随手拿来进行例证的一份数据。我们发现，十年前所呈现的文化产业发展趋势，在十年后成了稳健的一种产业经济常态。因而，我们可以断言，如果边缘区依托自身的特有资源优势发展，实现边缘区经济发展的低梯度跨越便指日可待。

那么，边缘区该用什么手段或方式把自己最有效地推销出去？该用什么载体（路径）把那些有些零散的资源整合、打包，立体式地展现出去？或许，我们很快想到了大理实现经济发展低梯度跨越的成功做法，大理选择了最为直观、最能表现、最能冲击眼球的视觉文化产品（如影片《五朵金花》），把大理的区域特色资源一箩筐地赤祖在了全世界。而大理更是

---

① 《〈中国旅行社产业发展报告2014〉研究成果》，中国旅游研究院网站，2014年12月4日，http://www.ctaweb.org/html/2014-12/2014-12-4-9-48-88548.html。

借助了该产品的泽荫，将其资源的商业价值在迅速IP化中进行了宏观放大，力求最大化发挥每种资源的资本效益。诸如，打出具有浓郁民族风俗的"三月三"品牌，发展苍山品牌、洱海品牌、蝴蝶泉品牌，形成以生态旅游为主导产业的绿色可持续产业链。不仅如此，大理根据基本旅游消费转向文化旅游消费的市场需求，对产业链不断丰羽筑翼。2007年，大理据其深厚的历史文化与丰富的旅游资源，成功实现了文化与旅游的"牵手"，仅一年便创汇近3000万美元。

大理的成功并不是偶然现象，诸如通过创意文化产业整合资源优势，以便摆脱自身经济建设困境，实现低梯度发展跨越的边缘区，事实上可圈可点。产品《红河谷》以其高原风光和神秘色彩，引发了西藏的旅游消费热；身处偏远的莫高窟借产品《敦煌》所展现的大漠风光和神秘的宗教色彩，使其成了人们竞相观光的热点。

创意文化产业之所以能成就边缘区经济发展低梯度的跨越，不仅是因创意文化类产品容易形成的热播（成功传播）现象，更依赖于强力推介与促进区域资源完成资本化，且产品中的一些物件在热播过程中会在观众心里自发树立起特别的IP形象（品牌）。但正是这些IP形象，为区域新兴商业和产业的兴起带来了无限可能。

你开始相信"极化效应"与"扩展效应"赋予了新谷场

21世纪的文化产业为什么会成为全球注目的焦点,成为世界经济发展的新动力?我们在《失意的人均1000美元GDP给出的信号》的写作中提到过一份资料,而这份资料呈现的有关数据足以使我们领略文化产业产生令人震撼的经济魅力。

资料中的数据显示,美国的文化产业在十年前便已高度发达,以至对全球文化产业形成事实上的控制,甚至说是统治。21世纪初期,在美国400家最大最富有的公司当中,便有72家是文化公司。若以一年(2007年)为一个经济周期,该国的文化产业产值已占其年GDP总量的20%,大约是26000亿美元,接近或相当于中国当年GDP总量,占据着40%的国际市场份额,控制了全球75%电视节目的生产与制作,电影产量虽只占全世界的6.7%,却占领了全球50%的放映时间。让我们来看这样的一个典型案例,因为它告诉我们十年前美国高度发达的文化产业所产生的影响力经济:如果香港要建一家迪士尼乐园,美国就要拿走40%的授权费,在当年便是100多亿元。此外，材料必须用迪士尼标准，还要按照迪士尼制定的商品去消费，这便是文化产业带来的强势经济。

而我国对文化产业经济的正视，严格来说是从这样一个信号开始的。就在21世纪新一轮世界经济竞争端倪初现时，时任国家主席胡锦涛在党的十七大报告中明确号召："推动社会主义文化大发展大繁荣""兴起社会主义文化建设新高潮，提高国家文化软实力"。这一信号无疑给边缘区的经济发展困境送去了一道福音。

边缘区大多存留着丰富的人文历史资源，但由于地方政府过去的长期忽视，致使它们混沌沉眠。如今，人文历史已成为各地政府对外打造地方标签不可或缺的资源。让我们再以大理为例，大理之所以能凭借着视觉文化产品《五朵金花》轰动全球，事实上也绝非仅借了"金花"之名，在影片拍摄地苍山、洱海正是人文历史存量丰富的密布区，稍一计算，便有崇圣寺三塔、太和城遗址、元世祖平云南碑、苍山神祠及佛图填充塔等。这些浓郁的人文历史所勾勒的文化景观在随着《五朵金花》的全球热播，以特有的华夏古文化风骚征服了世界，为大理在全球打出了一张文化名片与地理标签。而由此发展的大理，却又验证了这么一句话："世界上走得最远的是商人，走得更快更远的却是文化。"

　　目前，边缘区对人文历史资源通过创意文化产品的开发来推进变现 IP 经济的能力已非罕见，借着文化名片在全球争得一席之地者也非凤毛麟角。《少林寺》便又是一部以我国博大精深的佛文化与武术文化"放倒"了全球的文化产品。自它热播后，崇山之中的那个千年古刹——少林寺，从此再也不能以居士的风范来抵御货币的诱惑。《笑傲江湖》也让新昌从浙江东部一夜成名，而新昌也由此完成了地区价值资源的资本化，并推向市场，致使曾经沉默的一隅之地开始变得繁闹与富庶起来。新昌的文化被唤醒了，新昌的商业也呈现出蓬勃生机，而让当地政府毫无心理准备的是，该产品异常轻松地将新昌变成了世界"名人"。

　　文化产品，尤其是视觉文化产品就这么以其特有的"极化效应"与"扩展效应"整合起边缘区的人文历史，向全球展现着华夏古文化经久不衰的辉煌与魅力。当我们看到某一文化在异域完成登陆后，那么这一文化的所属地区从此便拥有了另一种特殊力量——文化软实力。毫无疑问，它的出现为地区以至经济的发展赋予了新动能，也为资本的积累开拓了新的谷场。在你目睹这一切后，你会确信，改变正真真切切地发生着。

"可能"的信条在于它重塑了世界的视角

创意文化产业本身值得骄傲与自豪的是：在为边缘区完成文化名片与地理标签的同时，也真正为弘扬华夏古文化尽了一份绵薄之力。

就在边缘区结伴创意文化产品，尤其是创意视觉文化这一特殊介质产品，在成功实现了自身经济发展跨越低梯度后，我们从中发现，创意文化产业最为迅速、最为有效地加速了我国边缘区的文化向全球跃进与扩张的进程。一旦文化的全球影响力形成，便势必反向拉动所属地域的经济强劲崛起。至于这种影响力经济产生并成功的可能性，大理和《五朵金花》、临潼和《秦俑》、西藏和《红河谷》等，都是一个个佐证。

因而，我们说创意文化在既为边缘区经济发展进行效力的同时，更为我国源远流长却沉寂一角的古文化的传承、繁荣和全球化之路提供了路径。譬如新疆吉木萨尔政府于2009年投拍的电视剧产品《车师古道大营救》，产品通过描述一条经久的军事古道，将众多的历史文化遗存诸如堡垒遗址、峰燧、墓冢、草原石人等一一呈现于世界面前。而正是借着这些厚重的文化遗存，古道不仅给身处边缘区的吉木萨尔县带去了一道经济与文化发展的曙光，也随着产品《车师古道大营救》漂洋过海。

很显然，创意文化是一名推动文化承传、发展和扩张的前沿卫士，这在创意视觉文化身上表现得尤为明显。但就创意文化产业的本身属性来说，它是一类供给无碳消费品的朝阳产业，它的可持续性只能是化工、地产等"苍狼"① 掠夺式产业难以望其项背的。掠夺式产业以一种消耗、破坏或毁灭资源的方式来实现其资本的积累；创意文化产业却是在保护资源的基础上开展的资源整合、重组和优化的经济行为活动，并最终借助于资本的形式进入市场，通过供给无碳消费的终端产品——价值资源变现的 IP 来实现与货币的置换，完成资本积累。边缘区的资源基本都是原生态资源，这主要是由地理因素决定的，同样也决定着它无法"接受"一种掠夺式的产业出现，因而，创意文化产业无论是从边缘区经济发展与经济环境改善的层面，还是从地域文化重塑与文化软实力实现的层面，都将是战略布局中的上上之策。

---

① 吴晓波在《把生命浪费在美好的事物上》一书中写道："跟台湾的产业界相比，大陆的浮躁与苍狼化态势正在成为商业思想的主流。急躁、功利、凶猛决然、见到猎物就上、从不顾及生态。"

　　这些边缘区在努力完成自己的地理标签后，便可以充满自信地说："世界原来这么近，几乎只是一步之遥。"而收获这种美好的可能，皆在于它们在创意文化产业的引领与驱动下，依托着自身稀有的价值资源重构了自己，重塑了世界的视角。

第三章

培育两种资源：何以说小制作等同浪费价值资源

抛开国产大片的光环，我们便会发现这样一个不容回避的事实：由于国外大片的引进和国产大片、主旋律影片的抢占，多数国产电影产品都逃不过这样一种命运——根本无法进入院线，即便进入也往往是惨淡收场。譬如，2004年国产电影产品212部只有40余部被请上了院线的排片表，2018年上半年数量上虽达到271部国产电影产品进入院线，却仅有12部赚了钱。是哪些因素让这种命运在十多年中成为了一种现象呢？我们不妨将此现象视为一种失衡的供求脱节现象。中国电视剧制作产业协会会长尤小刚称其为"虚胖"现象，是自国内影视业向民间资本敞开大门后，小制作产品过于泛滥所致。

在我们对国内文化产业的发展研究中，最终肯定了这一点——小制作产品引发了国内文化市场长期表现不佳，甚至低迷。而众多小制作产品惨痛结局背后的高昂代价，却是伴随着大量能够转化成IP的价值资源的流失与浪费，因而我们说小制作等同浪费价值资源。在本章中，我们将以最容易令我们形成感受的视觉文化（主要是指影视产品）来对此作一论证。

"多管齐下"或"单兵作战"都没有错

我国文化产业中的视觉文化产业在发展上，虽于20世纪90年代末被正式引入且渐而开辟起自己的大片市场，但事实上，小制作片种仍是国内视觉文化市场的主打产品。然而，就在这熙熙攘攘看似繁荣的小片种闹市里，我们所担忧的事最终还是发生了。

小制作至今野性十足的生产史，以致产能过剩问题根深蒂固，而有量无质的野蛮供给致使价值资源高位浪费。2008年，在国内影视产品业务的生产审批由执行"电视剧拍摄制作备案公示管理暂行办法"取代了之前的"电视剧题材规划立项审批"制度后，等于官方正式向社会资本广发了邀请函，这使影视产品业务的前期生产得以放开，以至形成"大跃进"式的生产局面。而事实上，民间资本博弈国内影视市场在更早之前便已悄然展开。然而极其糟糕的是，我们的研究显示，在民间资本推动下，影视产品业务的小成本、小制作生产方式也日益膨胀，伴随着创作队伍鱼龙混杂、题材跟风、制片不专业等问题，致使倍速增长的产量进入供给市场后，形成极为震撼的"烂片"现象。2005年，国产电视剧产品的年产量达到12447集，却只有60%可以播出，约30%被"毙掉"，另10%只能以碟片形式上柜求生；2006年，电视剧产品数量13840集得以播出7000集，其中进入黄金时段约3000集，另7000集直接压箱底；2007年，仅在报送审批的1.7万集电视剧产品中，就有近1万集无缘播出。细观国产电视剧产品的发展轨迹，自2000年突破10000集开始，年均以近千集的速度持续增长，到2012年产量高达1.71万余集，数据一再指向小制作产能过剩问题根深蒂固，粗放的供给侧致使价值资源高位浪费。

这种浪费主要包括：一是产品本身身为文化资源的浪费，二是植入产品亟待完成向资本转化的价值资源的浪费，三是产品热播后所关联的上、下游有效资源和新生成的有效资源的浪费。

2015年，国家广电总局虽然着意重建规则，开始实施"一剧两星"①，试图调控小制作所造成的产品存量严重积压问题，但遗憾的是，这一举措并未加速去产能的步伐。一组来自《中国文化产业发展报告》的数据显示，在2017年国内获得发行

---

① "一剧两星"，是指一部电视剧最多只能同时在两家上星频道播出。具体内容包括：同一部电视剧每晚黄金时段联播的综合频道不得超过两家，同一部电视剧在卫视综合频道每晚黄金时段播出不得超过两集。

许可证的电视剧产品中，只有一半在电视台和网络平台获得播出机会，同时只有约 20% 的产能在黄金时段获得播出。对此，导演郑晓龙认为："少拍剧，拍好剧，才是当务之急。"他同样注意到了小制作对价值资源造成浪费的高昂代价："现在我国不缺电视剧，大量未播剧造成了资金、物力、题材上的浪费。"郑晓龙的观点显然对产业的发展方向或变革具有一定的权威建设性，因为他确实给业内做了榜样，在近几年中，由他执导的《甄嬛传》《新编辑部故事》《红高粱》《芈月传》四部剧，便有三部成为当年的"剧王"。

在粗放的供给侧致使能够转化为 IP 的价值资源的高位浪费上，尤小刚则与郑晓龙有着不谋而合的共识："其实电视剧的量大到这一程度已经不是好事，规模适量化很是重要，宁缺毋滥，否则浪费将是巨大的。"但对于造成粗放供给主因的小制作，尤小刚却给出了一定的包容。他的理由是，无论是"多管齐下"① 还是"单兵作战"②，高质量的产品供给才是市场话语权的最终决定者。

---

① 指一个文化项目或产品在生产成本上，政策上不默认何种成本的进行，允许采用大制作或小制作来完成生产。
② 指一个文化项目或产品在生产成本上，政策上只默认一种成本的进行，即只能采用大制作来完成生产。

单纯的大制作解救不了价值资源

买方市场主体在面对众多质量糟糕的小制作片种时，成本开始不能阻止他们将目光投向那些大制作片种。近年来，湖南卫视、安徽卫视、江苏卫视等各地卫视常以亿元的高投入买断精良大剧的独播权，致使小制作片种很快沦入无市局面。既然如此，价值资源的浪费是否已经得以遏制？

我们发现，但凡单价高、销售好的视觉文化产品，基本都唯大手笔、大制作马首是瞻。仅以电视剧产品来看，作为主流渠道运营商的电视台，在采购的具体价位上虽显得有点敏感，但采购单价与产品的投资总价密切挂钩的原则，在业内已几乎成为"共识"。鉴于此，较负盛名的华谊公司早早便确定了走"大制作"路线，其在十年前推出的作品，投资已均超千万元。此外，华谊还大力鼓励旗下工作室将产品业务向社会资本开放。以华谊前旗下公司北京天意影视为例，2006年其出品了四部电视剧产品，华谊除在《功勋》运作上投入2000余万元，《士兵突击》《恋爱兵法》《末路天堂》等产品的投入却均为

1000余万元，制作经费难以为继，这使天意不得不向社会寻求更多的资金。但引起我们注意的一点是，在天意向社会寻求资金之前，事实上已同电视台达成了预售计划，这是小制作公司或片种望尘莫及的。

大制作产品的兴起，市场也开始由之前的买方市场转向卖方市场，于是出现电视台向出品方预购现象，这意味着大制作产品提前解决了发行、播出等市场问题，也提前获得了产品生产和运作经费。而之前在买方市场主导下，其主体从来都是挑肥拣瘦，根本不会主动送钱上门。但由于大片种对收视率和运营收益的直接刺激，作为买方市场主体的电视台等需求平台开始主动示好，这使诸如华谊一类的影业公司几年下来便轻松推出了数部大制作产品，诸如华谊早年推出的《功勋》《大院子女》《鹿鼎记》《末路天堂》等都取得了不错的市场成绩。另外，买方市场主体开始介入有兴趣的产品生产过程，以便为预购提供专业意见。诸如电视台会与华谊等进行大制作题材的影业公司建立起密切的互通关系，全程关注与监视兴趣产品的生产质量，而随时形成的专业意见将决定是否预购、何时预购，以及预购最终方案。譬如《功勋》，一是近年热门的谍战题材，二是柳云龙参演的大制作演员阵容，以至开拍前夕就被电视台签下80%的预购合同，而就在它的后期刚刚完工，它的销售也全部完成。再如《我的团长我的团》，首轮便预定上星播出的就有四家卫视。

但遗憾的是，大制作的兴起并不如人愿，因为它未能像我们想象的那样力阻小制作者们的忙碌。按照郑晓龙掌握的数据可知，2017 年前后，在年产 16000 多部的电视剧产品中，仍仅有 8000 余部得以播出。因而，小制作产品对可以 IP 化的价值资源造成浪费的高昂代价，并没有出现明显转好的迹象。

由此，我们可能要问：大制作产品还有哪儿不够完美，以至于无法解救价值资源？

"好莱坞"对价值资源的另一次解救

我们可能还留有这样的印象，那就是 20 世纪 90 年代由于电视与多媒体产品的兴起，国内影院好似一夜之间失去了往日的繁闹，然而不久，令当年影业兴奋与惊讶的是，国外商业大片——好莱坞大片的引入又将人们的脚步重新带回了影院。而自那一刻起，一个商业大片时代在中国也随之开启。那么，我们从中可以收获怎样的启示呢？

　　既然说是商业大片，那么这种文化作品已不再是一种单纯意义上的艺术作品，更多的是一种市场化的文化消费品。无疑，这正是好莱坞大片给我们的最好启示。但事实上，这又并不是我们完全需要的。因为在我们看来，如果只是重点逐利票房，那么这种大制作产品在商业诉求上便仍显单一，特别是对全产业链的布局上更显苍白，也可能并不能阻止价值资源的严重浪费与流失现象。因而，我们需要生产属于自己的商业化大制作产品，即我们应向产品赋予怎样的中国式的好莱坞商业模式，以便为全产业链的形成创造环境。

　　向产品赋予中国式的好莱坞商业模式，也就是说中国式的好莱坞商业大片在势必完成价值资源浪费与流失的阻击任务时，必须要为两种资源提供市场的培育与建设服务：一是植入产品亟待完成向资本转化的价值资源；二是产品在热播后所关联的上、下游有效资源和新生成的有效资源。

　　很显然，中国式好莱坞商业大片在被赋予"市场的培育与建设的服务"这一功能后，等于抛弃了单一追求票房的狭隘商业兴趣，同时因对好莱坞大片的大制作、大投入、大产出的商业性生产的借鉴与采纳，两种资源 IP 化的商机在马太效应的作用下得以尽可能放大，从而使它们在进入市场的竞争能力上达到最大化。

但遗憾的是，这一功能在国内大制作产品中并未能得以很好表现，或者说在这一功能上做得还永远不够。

国内大制作产品仍不乏沉湎单纯追求票房的狭隘商业兴趣，致使"影响力资源"白白浪费。譬如2004年的视觉文化产品供求市场，尽管当年拍摄的影片数量达到244部，但周星驰的《功夫》、张艺谋的《十面埋伏》和冯小刚的《天下无贼》三部产品却一举拿下全年电影票房总收入的60%，形成空前的影响力资源。然而，我们并未发现这些产品为两种资源IP化做了点什么。原因很简单，这些仍单纯追求票房的大制作产品，对全产链的谋求并未表现出太多兴趣，以至随意挥霍掉很难被收获的影响力资源。

但令人瞩目的是，这一功能却在同年出炉的《大长今》身上表现不俗。我们在研究中发现，该产品在借鉴好莱坞商业运营的大制作模式下，不仅创下了2004年度韩国收视率之首，而且充分发挥了影响力资源，以至为全产业链的谋求与形成创造了可能。该产品一经发行便在全球90多个国家实现热播，而热播所形成的马太效应，在完成两种资源转化成IP的市场培育与建设后，又驱使它们在进入市场后迅速蜕变成新兴品牌产业。

因而，目前国内商业化大制作产品虽远未达到中国式好莱坞商业大片的要求，但我们已经看到它在阻止价值资源浪费与流失上所表现出的非常能力。或许我们更应注意到，无论是在视觉文化产品的供给侧上，还是在全产业链的谋求上，它都对小制作片种掀开了一场毁灭性的致命围剿。但究其根本，事实上它已被赋予或者说拥有了由价值资源向资本转化并进入市场的特殊能力。

成全"新昌现象"的最终解救者

大量小制作产品长期占据供给侧，致使价值资源形成粗放供给，一个必须直面的重要原因是，政府将自己放在了旁观者的位置，直到"新昌现象"的出现。

那么，什么是"新昌现象"？新昌，原是浙江东部的一块沉默之隅，但随着商业化大制作产品《笑傲江湖》的推出和热播而一夜成名，新昌也因此完成了价值资源转化成 IP 的市场培育与建设。由此，诸多新兴产业和商业开始进入市场，致使新昌开始繁闹与富庶起来。这其中，我们发现，大制作产品将沉睡的地域文化唤醒，中国式的好莱坞商业模式在产品中的运用，给经济开辟出新的谷场——新兴的品牌产业和商业，以至经济呈现勃勃生机。而譬如新昌更可能让当地政府毫无心理准备的是，仅靠一部创意文化产品，便异常轻松地将它推向了世界。因而，"新昌现象"是在文化软实力与经济崛起问题上的一次彻底觉醒。

文化产业，或者说文化软实力的力量究竟在哪？新昌已经给出了最好答案。就在"新昌现象"成为一种效应的同时，政府开始重新审视起身边那些散发着魅力的文化遗产。这在很大程度上意味着，经年平庸的文化产业终于迎来了自身拐点的实质性支持主体。我们看到，在国家产业布局战略层面上，时任国家主席胡锦涛第一次在党的十七大报告会上明确提出"推动社会主义文化大发展大繁荣""兴起社会主义文化建设新高潮，提高国家文化软实力"这一号召，从而真正揭开了我国以文化软实力拓展国力，打造地域品牌与带动地方经济跨越发展的新思路、新篇章。

那么，"新昌现象"在对价值资源的根本性解救上到底发出了怎样的信号？

首先，"新昌现象"出现的一个重要信号是优越的金融环境。

也就是说，文化产业化需要摆脱制约它前进的决定性主因——资金问题。无论我们用多么完美的商业模式和生产模式来解救价值资源，没有钱便意味着什么也做不了，因而，破除了金融焦虑才能真正完成解救。那么，金融焦虑又是如何被破除的呢？在第一章"治理焦虑：'信用'之药"一节中，我们提出了第三方金融的概念，并将它称为治理金融焦虑的药方。让我们来回顾一下该"药方"核心部分的表现：

其一，重启信用资金，消除文化产业资金需求的金融焦虑。建立第三方金融——信用资金安全区，谋求金融与文化产业在新的游戏规则下对接，以使文化产业重获信用资金。

其二，消解信用资金在文化产业投资中的风险，即消除金融的自身焦虑。这种焦虑的消除主要基于以下几个方面：一是第三方金融的产品。在商业诉求下的国内银行业，已经不惜自损信贷结构，来全面规避可能触发高风险的信贷业务产品。而第三方金融积极构筑与推崇的"经营信用"和"信用经济"，恰恰成为消解银行信用资金在文化产业投资中可能面临高风险的有效药方。二是第三方金融即信用资金安全区，完成了金融安全的诉求。一方面，第三方金融——信用金融平台实行对自身资金来源的安全内控。平台主要由文化产业类企业或公司等主体共同发起组建。虽不会拒绝实力财团或其他健康的外资，但在严格的风险内控体系下，它将积极过滤掉那些投机的发起人或风险外资，以维护银行业对安全区的信任。另一方面，银行业通过了诸多金融安全评估。对安全区的信任，银行业主要是基于第三方金融拥有了足够消解信贷资金风险的能力。或者说，这一平台在财力上已做到足以保证并出色完成银行业关于严控资金流失、遏制不良资金生成、加速资金回笼等诸多金融安全的诉求。

其次，"新昌现象"出现的另一个重要信号是公权方成为参与主体，对资金形成事实的安全背书。

第三方金融为何敢于向文化产业投放并经营"信用"所面临的高风险率？安全区何以能赢得银行业的真正信任？没错，都是因为公权方这个参与者。

其一，政府成为"新昌现象"的最大需求方，即买方市场的主力军。"发展文化软实力"这一声音是发自中国最高层领导，喊话对象则是全国各地政府，其中信号十分明朗——政府在发展文化软实力上，是事实执行方，不容懈怠，这意味着作为公权方的政府将是"新昌现象"的重点采购商。政府，从信号中看到了这一职责；第三方金融，也看到了这一市场信号，以至"新昌现象"在供求关系上更多地利好于第三方金融，即卖方市场。其二，第三方金融紧扣重点采购商。政府作为公权方，以至其公信力形成的信用资源可谓稀有而权威。当政府成为第三方金融的客户时，第三方金融也就拥有了权威信用。如此，一个被肯定了的幸运家伙，不知还有什么不可以轻松"搞定"的。没错，正如你现在想到的一样，在政府成为"新昌现象"重点采购商后，对文化产业"戒备"多年的金融消除了自身焦虑；在政府成为事实后盾后，极大程度甚至说完全消解了第三方金融向文化产业投放并经营"信用"的高风险率。

此外，另一种景象也正悄然出现。同样，由于参与主体政府对资金形成事实的安全背书，提振了文化投资者们的信心，以至他们对第三方金融——信用金融平台表现出积极的注资意愿，这在我们的调研数据上得到了证实。

华语天地担保有限公司是北京的一家第三方金融，它目前所投入的90％的文化产业项目都是在地方政府直接参与或实际支持下进行的，譬如新疆吉木塞尔军事古道文化产业开发项目、北京门头沟文化产业开发项目、云南"七彩云南、广通天下"创意文化项目等，这使观望的资本表现出极大的向好态度。该公司2014年的一组数据显示，已有临汾姑射仙洞旅游开发有限公司、北京金榜中视文化传播有限责任公司等20多家公司向它的信用金融平台进行了注资。

总之，"新昌现象"向我们传递了价值资源何以才能最终解救的准确信号。同时也提醒我们，缔造一个崭新的文化产业商业化大制作时代，才可能缔造并迎来一个文化软实力全面崛起的新时代。

第四章

IP 孵化：大市场概念的炼成对经济的救赎

在本章开始前，我们先来看这样一个案例：有一位大学生，进入德元集团工作没多久便去了一家非常著名的大企业集团做了部门经理。而此后，他在给朋友的一封信中说，我现在在加拿大的公司工作，收入很高，但是我总觉得我缺了点什么，我仔细地想到底缺了什么，原来缺的是文化，是德元那样的文化。故事中的这个大学生只在德元工作了一段时间，他通过对比最终发现德元的真正魅力。如果我们将德元与这家加拿大的企业看作是两个品牌，那么德元显然要成功得多。

这个案例清楚地告诉我们，文化是一个品牌成功的内核。同时，这也解释了为什么一件文化产品（在本书中）在传播中可以轻松孵化出一个或多个新兴的品牌。这不难理解，譬如视觉文化产品在成功热播后，大众对产品中刻画的主要艺术形象及其他兴趣点的追捧，事实上首先都是认可并接受了一种文化的结果。

随着"新昌现象"成为一种常态，急剧加速着经济的外延扩展，使经济从原本的小区域市场迅速融入轰轰烈烈的大区域市场的宏观运行中，由此，经济的大市场概念从此诞生。那么，文化产业，或者说文化软实力又是如何推进经济大市场的呢？

造血母体效应：新生"牛犊"的光明前途

文化产品，特别是视觉文化产品在孵化新兴IP品牌的能力上尤为可观。为什么视觉文化产品的表现更为惊艳？早在20世纪30年代，海德格尔就曾告诉我们："世界图像并非意指一幅关于世界的图像，而是指世界被把握为图像了。"这句话中给出了这样一个结论：人们的审美情趣被图像把握与指引，图像成了人们最先去展开行动动机的一个罗盘。众多实践也显露，一切事物的实现，80%都是通过视觉文化开始的。因而在品牌市场中，文化产品特别是视觉文化产品不但成了各行业建设自我品牌的第一传播介质，也成了经济实现多产化与规模化的造血体。

文化产品以其特有的母体效应对经济实现多产化"造血"。造血母体效应主要是指，预先在文化产品中植入的大量假定商机（主要包括两种资源，以及产品刻画的主要艺术形象和被大众追捧的其他兴趣点），再通过产品的热播蜕变为拥有成熟IP市场的真性商机。

　　从产业层面来看，母体效应将为经济创造出难以想象的新兴产业或商业。我们在文化产品中预置的商机，或者说对文化产品的衍生产品及附带产品展开的商业开发活动，事实上正是对经济的新兴产业或商业的实现。新兴产业的属性、种类与数量将直接取决于文化产品中所植入商机的属性（资源属性）、种类与数量；所涉及的行业同样将由植入的商机属性来决定，诸如旅游、矿产、饮食、服饰、民俗、历史等有效的区域资源，也都将被投资者开发成与资源属性相仿的新兴行业。因而我们毫不夸张地说，文化产品，尤其是视觉文化产品，是经济实现多产化的造血体；文化产业，尤其是视觉文化产业，是具有强大造血功能的母体产业。

　　在母体效应上，《大长今》的表现可谓最为出色，最有话语权。譬如，该产品在当年热播后，韩国首尔便有一家传统打糕店花费2万多美元购买了"大长今"餐饮商标使用权，将自己的店名直接更名成"大长今"。此外，也掀起了韩国社会的"衣风""食风""医风""游风"等风潮。关于《大长今》的这一运作模式，被业内称作韩版好莱坞品牌模式。但无论作何认识，事实上都是母体效应的结果。这些结果——新兴产业或商业中的产品——由于热播而完成了高度的品牌化，一经面世便赢得了普遍关注，即便它们好比一群初生的牛犊，但同行们很清楚噩梦来了。因而，当母体效应在对经济的产业层面实现造血时，我们却更欣喜于预见这些新生"牛犊"的光明前途。

这些由母体效应造就的"牛犊们"，天生就具有这样的两大竞争力：一是被高度品牌化的市场竞争力；二是以核心品牌体为中心，自发集群为无共同主体却相互影响的特殊产业共同体，从而为各自带来强大的市场竞争合力。譬如，由《大长今》新生的产业或商业，却又无一不是借助"大长今"这一IP品牌体来完成壮大，也就是说，这些"牛犊们"还不得不依赖母体——核心品牌体"大长今"来成长。但又由于它们并不属于同一主体所有，因而这一虚拟而并不实际存在的产业共同体，倒像是管理学中的非正式组织，自由却高度默契结合在一起，形成在其他品牌体上很难窥见的市场竞争合力。

一件"五朵金花"快消品与一个"奥特曼"玩偶完成的垄断

经济市场的经营与营销在历经产品时代、资本时代后，进入了如今的品牌会战时代。也就是说，地域间产业的竞争也同样进入了品牌的市场竞争。因而，经济如何迅速建立起可持续的支柱产业与实现无时空局限的大市场概念，首要的就是构建并实施品牌战略。

品牌以其高远影响的效应价值①超越与扩延产品所拥有的生命周期。一旦某品牌拥有广大忠诚拥趸，其 IP 地位就很难被动摇或取代，即便其产品历经改良，甚至看上去有些面目全非。波士顿咨询集团曾研究了 30 大类产品中的市场领先品牌，发现"在 1929 年的 30 个领袖品牌中有 27 个在 1988 年依然勇居市场第一。在这些经典品牌中有象牙香皂、坎贝尔汤和金牌面粉"。像我们熟悉的一些海外著名品牌，也都有经久的历史，如吉列、万宝路、可口可乐、雀巢。同样，我国的不少老字号在今天的市场竞争中依然有着品牌优势，如同仁堂等。

由此可见，品牌的效应与影响远比产品本身要深远得多，即便市场需求发生改变，也可通过改进或创新产品来保证品牌的稀有性，以至在市场中始终拥有强劲而无限生存下去的竞争力。总之，品牌颠覆了产品在时空上的局限。而这一点，给经济的大市场概念提供了药方。

品牌，为经济的大市场化带来了路径；而拥有造血母体效

---

① 效应价值说，也称为主观价值论，是奥地利经济学的价值理论之一。在这一理论中，品牌被认为是一种效应价值。效应，则被解释为消费者主观上感到商品对其欲望满足的程度。

应的文化产业，则驱动地域产业加速跨入品牌时代。

在母体效应的作用下，新兴 IP 产业或商业开始大量出现，以至地域市场日益饱和与成熟，而在饱和且成熟的市场，竞争便会表现得异常白热化，从而为品牌的诞生提供了环境。而母体效应在促进地域市场完成这一过程中，其产生的新兴产业具备强大的竞争合力和高度品牌化，而这些天赋异禀、使同行业感到生畏的市场竞争力正是文化产品孵化 IP 品牌的结果。这种结果常常在这样发生着：当人们对文化产品中的某些造型（人、物、场景等）念念不忘时，它们便收获甚至开始左右人们的情感，上升为一种迫切的消费需求的效应价值，而效应价值的出现则要求并推动它们快速形成 IP 品牌体。

在孵化 IP 品牌上，尤以视觉文化产品的表现最为出色，这很大程度上也验证了美国社会学家丹尼尔·贝尔的观点："目前居统治地位的是视觉观念。"现在，让我们来列举一些经典案例。视觉文化产品通过使用剧情进行品牌的创造和建设是其他媒介无法比拟的。它将需要创造的产业、商业通过特定的视觉造型后，再用细腻感人的情节构造或恢宏震撼的大场景等镜头用语言向受群进行感官传达。这一孵化 IP 品牌的非常路径，已创造出众多路人皆知的地域名牌。譬如，产品《笑傲江湖》造就了新昌；产品《三国演义》《唐明皇》《水浒传》造就了闻名于世的三国城、唐城、水浒城等知名旅游产业；产品《五朵金花》创意创造了具有浓郁民族风俗文化的"三月三"、苍山、洱海、蝴蝶泉等众多品牌产业。

而更值得我们注意的是，通过文化产品这一路径孵化的 IP 品牌，总能很轻易地构筑它们的产业和商业王国。譬如，产品《五朵金花》在全球热播后，云南一家快消品厂家便当即推出"五朵金花"，于是奇迹发生了。最初，可能并没人寄希望于它有所作为，但该快消品品牌的商业版图却迅速扩张至全国，年产量高达 20 万～30 万箱，占该厂快消品总产量的 1/3 以上。1978 年，中国改革开放的大门正式打开，该快消品牌也进入全面繁荣期。在产品层面，形成了以市场为导向的多条例供给格局；在销售层面，截至 20 世纪末，其商业版图已扩张至东欧等境外市场。

但事实上，这并不仅是中国故事，譬如很容易从孩子们嘴里听到的日本卡通产品《奥特曼》，同名玩具品牌"奥特曼"在其轮番热播中，轻轻松松，便在玩具市场玩出了半壁江山。

竞争的残酷现实告诉我们需要一个不可取代的IP奇迹

在上一节中，我们谈到，"品牌以其高远影响的效应价值超越与扩延产品所拥有的生命周期。一旦某品牌拥有广大忠诚拥趸，其IP地位就很难被轻易动摇或取代，即便其产品历经改良"，并实例论证了波士顿咨询集团的研究结果：30大类产品中的市场领先品牌，发现"在1929年的30个领袖品牌中有27个在1988年依然勇居市场第一"。由此，我们也得到了这样一个结论：品牌的效应与影响远比产品本身要深远得多，即便市场需求发生改变，也可通过改进或创新产品来保证品牌的稀有性，以至在市场中始终拥有强劲而无限生存下去的竞争力。而品牌的这种穿越产品时空局限所形成的无地域、无时间约束的市场，正是经济极度痛苦而亟待解决的大市场概念。

那么，文化产品孵化的IP品牌较之常规模式创造的品牌，在推动大市场概念上的优越性到底在哪儿？让我们来具体总结一下：

在上一节中，我们已完全肯定的是，没有一种常规模式能在创造品牌的能力上比文化产品的孵化更为迅捷、更为可观实效。因此，文化产品孵化的 IP 品牌首先在加速大市场概念形成上更胜一筹。而这仍然得归结于它们天生便具备的几大本领：一是市场竞争力。因文化产品强大的 IP 影响力，致使它们在孵化过程中，便被高度品牌化。二是市场竞争合力。它们将会以核心品牌体为中心，自发集群为无共同主体却相互影响的特殊产业共同体，从而为各自带来强大的市场竞争合力（见本章"造血母体效应：新生"牛犊"的光明前途"一节）。三是马太效应。当人们对文化产品中的某些造型念念不忘时，这些造型事实上也就拥有了自身的 IP 影响力，并迅速上升为一种具有迫切消费需求的效应价值。

由于文化产品具有无地域性和无时间性的传播特点，其孵化的品牌产品的目标市场，一开始即已具备大市场概念。这种"大市场奇迹"，可以说是通过常规模式来营建的品牌产品望尘莫及的，让我们同样以这两个经典案例来感受一下。2004 年，《大长今》热播，众商家可谓各自亮剑，围绕"大长今"这一新兴 IP 品牌体做足文章，以至韩国经济向全世界狠狠打出一记重拳。由它引动的 IP 潮，一度掀起"经济韩流"。1959 年起，《五朵金花》全球热播，大理由此巧借着新兴品牌体"五朵金花"完美实现文化旅游产业的崛起，高调走入世界，迅速完成了经济的大市场概念。

但无论如何，这种非常的"大市场奇迹"事实上并非偶然，而是归功于文化产品所孵化的品牌体的优越性，或者说软实力上。由此，"大市场奇迹"，不如说这些品牌体才是惊艳的奇迹。

总之，文化产品是一把"双刃剑"。一方面，在它身为造血体的强悍作用下，新兴产业或商业大量涌现，致使地域市场日趋饱和与成熟，形成激烈的竞争市场；另一方面，竞争的残酷现实则要求它不断孵化IP奇迹，来加速推进经济进入品牌经济时代。因而，当我们正为它创造的一个个IP奇迹而惊叹不已时，一个经济的大市场概念也正被这些从奇迹中走来的品牌轰然开启。

第五章

构筑实体性新生态：从尚未发觉到
备战新时代战略期

在开始这一章前，我们有必要再来回看一下经济学界关于文化产业发展水平的共识。经济学家认为，在年 GDP 人均达到1000 美元时，生活水准将会由温饱型转向精神消费型，这时精神消费需求就会升级，文化产业也会进入一个快速发展期。若参照这一标准，在 2003 年，我国的文化产业就应进入成熟期，甚至于在时任国家主席胡锦涛提出努力构建国家软实力之时，就该完成文化层面在国家软实力上的空白填补。然而，我们并未感受到这一事实的来临，以至于至今仍是个悬而未决的预期。

这种未决的预期，首先向我们揭示了国内文化产业长期的虚假繁荣现象。譬如，即便在最具活力的视觉文化产业领域，也一样不免虚假繁荣：一是票房上的虚假繁荣。十年前，国内票房收入的计算单位通常为"万元"，而今天"亿元"已较为常见。但事实上，这种"繁荣"是我国经济体量与购买力突飞猛进的结果。二是生产上的虚假繁荣。小制作现象至今泛滥，以致出现大量诸如年产能高达数十亿元人民币的电视剧文化产业却深陷巨亏泥沼的案例，为生产上的虚假繁荣做下了最有力的注解。

而这种虚假繁荣现象，则可被认定为是一种事实的粗放型供给侧，这不难理解。由于本书具体探讨的是"价值资源变现IP 经济"的课题，因而我们说它对价值资源向 IP 的转化造成了高位浪费。这种资源浪费正如在第三章中提到的，主要包括：对植入文化产品亟待完成向资本转化的价值资源的浪费；对文化产品热播后所关联的上、下游有效资源和新生成的有效资源的浪费。

由此，这种未决的预期继而向我们揭示出要繁荣国内文化产业急需的两大药方：其一，政策层面需更为积极。国内文化产业长期以来备受金融焦虑，这在一定程度上映射了国家政策层面的消极。其二，完成文化产品供给侧结构性改革，构建中国特色的实体性产业新生态。习近平总书记在党的十九大报告中做了这样一个判定："我国经济已由高速增长阶段转向高质量发展阶段。"这句话事实上是在表明，粗放的供给侧已是历史产物，同时也为破解虚假繁荣提供了方案。首先，实现高质量的供给侧，从根本上阻断虚假繁荣，以及虚假繁荣对两种资源造成的高位浪费。其次，重塑商业模式，完成中国特色的实体性产业新生态构建。对于一个文明古国来说，像单纯追求票房的狭隘商业兴趣显然是个极具短见、鲁莽、苍狼式的行为，因而文化产业需要一个真正适合自己的商业模式来淘汰这种狭隘的商业兴趣，培育以至完成以两种资源转化成 IP 的产业孵化为目标的实体性产业新生态。

很明显，我们需要这些药方来终结国内文化产业仍然未决的历史预期，或者说备战新时代。在标志着开启中国新时代的党的十九大报告中，我们发现了相关信号，习近平总书记在布局新时代的文化产业时明确指出："加强文物保护利用和文化遗产保护传承。健全现代文化产业体系和市场体系，创新生产经营机制，完善文化经济政策，培育新型文化业态。"

而这一信号，在总体阐明我国文化产业未来五年如何繁荣的同时，也为经济的崛起送来一股更为强劲的东风。

《芈月传》的证明：年近不惑而碌碌无为

何以说我国的文化产业是一个年近不惑而碌碌无为的假胖子？让我们仍以最具活力与代表性的视觉文化为例。

仅从电视剧文化产业来看，从1981年第一部电视剧产品《敌营十八年》首播至今，虽已有40年，但泛滥的小制作依然在让我们感受着虚假繁荣。中国电视剧制作产业协会会长尤小刚曾在"2007～2008年电视剧项目推介会"上对这一现象做出过权威剖析。他指出，2006年中国电视剧产量为13840集，需求量为7000集，而只有总产量25%的电视剧能以正常价格销售，造成严重的资源浪费。尤小刚对此表达了担忧，并提出警告。而他的警告若放在今天，那么事情的解决可能会容易得多，因为我们都已认识到，我国的文化产业必须重构生产方式、商业模式和产业生态，才有可能迎来文化IP经济的新时代。因而，尤小刚的警告完全不可能扯下文化产业虚假繁荣的"画皮"，事实证明了这一点。

野蛮的小制作生产造成粗放型供给的文化市场，让我们宛如看到一个碌碌无为的假胖子。譬如，2005年，国产电视剧产品的年产量达到12447集，却只有60%可以播出，约30%无缘与观众见面。对此，尤小刚曾表示："中国电视剧面临的最大问题是供大于求。这种情况已连续4年，每年生产量都有13000多集。"遗憾的是，这种粗放的供给在十年后的今天依旧活跃。2017年前后，在年产16000多部的电视剧产品中，仍仅有8000余部得以播出。

那么，这种粗放的供给何以一发不可收拾？很明显，野蛮的小制作生产方式早已对产业的生态释放了危害信号，但2008年，在国内影视产品业务的生产审批由执行"电视剧拍摄制作备案公示管理暂行办法"取代了之前的"电视剧题材规划立项审批"制度后，等于官方向社会资本更加广发了邀请函，这使影视产品业务的前期生产得以放开，以至迎来了一个空前的生产局面。然而，我们却看到了另一个更糟糕的局面。影视甚至文化产品业务在民间资本推动下，小制作的生产方式也与日俱增，伴随着创作队伍鱼龙混杂、题材跟风、制片不专业等问题，致使倍速增长的产量进入供给市场后，形成极为震撼的"繁荣"。

精品的稀缺，让我们确信看到了一个碌碌无为的假胖子。野蛮的小制作生产让我们从不担心无剧可追，但精品却屈指可数。近几年，要算导演郑晓龙执导的《甄嬛传》《新编辑部的故事》《红高粱》《芈月传》最具榜样，其中有三部成为当年"剧王"。在精品稀缺问题上，郑晓龙这样呼吁业内："少拍剧，拍好剧，才是当务之急。"但积重不减的供给市场显然并不答应。2015 年，国家广电总局虽然再次重建规则，开始实施"一剧两星"，试图控制野蛮的小制作不断制造产品存量严重积压的问题，但这一举措并未加速去产能的步伐。

而更值得注意的是，碌碌无为的结果最终引燃了产业的大萧条。由于电视剧产品的长期粗放供给，在质量平庸、资源浪费、收视率低下等诸多问题的压力下，制作公司大量减产即将上映的产品项目，致使国内电视剧文化产业出现大萧条。2007～2008 年电视剧项目推介会的相关数据显示：在该推介会上，首都广播电视节目制作业协会的 45 个会员单位总计有 118 个推介项目，其中 57 个项目已于 2007 年开拍，因而 2008 年最多可开拍 61 个，年平均一个单位的新拍项目仅为 1.5 个。尤小刚更是表达了该次大萧条的严峻性："连续 4 年的供大于求让今年（2008 年）的电视剧很难卖，能够按正常价格卖出的只有 25%，而且今年有大量电视剧将推迟拍摄。"

故宫10亿IP：我们学会了《大长今》的唯利是图

为什么需要一个远离萧条而高度发达的文化产业，它对新时代的中国经济有何价值？在之前，我们提到了这样的两大价值：一是新经济——影响力经济的产生；二是文化软实力的形成。在一个极其厌恶烧炭的新时代，能够想象这些价值将意味着什么。

而在这些价值上，《大长今》是给我们最大感受的代表性产品。譬如，因该产品在韩国内外引发的众多IP潮，以及那些闻名全球而新兴的大长今系列产业等。此外，在对该产品的研究中，也让我们在如何备战新时代的时代问题上得到了更多启示：

破除产业化自身局限，转变单一的产品生产为全产业链开发的全面IP生产。从一定的角度来看，中国的文化产业近年来也有了较大发展，因为我们看到了资本正在大量进入。譬如，2012年12月，万达集团便以50亿元人民币的注册资金成立了文化产业集团，资产更是高达440亿元人民币，业务涵盖电影院线、影视制作、舞台演艺、电影科技娱乐、主题公园、连锁娱乐、报刊传媒、字画收藏、文化旅游等。而这些产品产业又向我们传递了一个信号：国内文化产业之所以成为资本的热土，显然并不完全是早期的"华谊经验"号召的，相反，《大长今》所贡献的众多IP经济和新兴产业更具感召。因而，不得不肯定的是，它为我们多年来的文化产业化的自身局限提供了解决方案。

它提醒我们，如果要终结产业化仍然未决的预期，终结对产业生态充满破坏的虚假繁荣，步入一个文化产业经济的新时代，那么首要的是变革产业的发展理念。也就是说，我们需要这样一个能够感召资本的产业发展布局：转变单一的文艺作品生产为"文化产品及其关联的上下游有效资源进行全产业链开发生产"的全面IP生产。而这一理念也将对中国特色实体性产业新生态的构建及经济的崛起产生积极而深远的影响。

内容是成全一切可能的前提与核心。内容具有基础地位，就一件产品而言，谁掌握了强大的内容资源，谁便拥有了市场竞争力。譬如《大长今》贡献的众多IP经济和新兴产业，就是个清晰的背书。而我们同样也会意识到，那些近年来火热的特色小镇、创意城市，如果没有内容资源做支撑，也只能是一堆谈资。因而，文化产业的发展根本上依赖于内容资源的强大，或者说内容资源是发展文化产业具备可行与可能获得成功的基本保障，是决定性的生产资料。

即便在新时代，内容仍然是文化产业经济实现全产业链繁荣的前提与核心。譬如，故宫在 2016 年推出 APP "韩熙载夜宴图"、纪录片《我在故宫修文物》和《十二美人图》等创意衍生产品后，年销售额高达 10 亿元。但很明显，这一案例成功的决定因素并不是什么新兴技术的运用，而是产品的强大 IP 内容。因而，无论社会处在一个怎样的发展阶段，内容都将是成全一切可能的起点。

《大长今》提供了太多有价值的启示，譬如它所贡献的众多 IP 经济和新兴产业也同样将我们的目光拉向了它的商业运营模式。事实上，它的商业模式我们并不陌生，即好莱坞商业模式。那么，我国的文化产业经济新时代是否也可借鉴这一商业模式，以及如何借鉴才能对我国的文化产业产生积极而深远的影响？在本章中，我们也将展开系统的阐述，虽然大多见解在之前的一些章节中已经有过零散的出现。

钱粮：打造 IP 别想试图绕过的一道生死关口

"新昌现象"在揭示价值资源何以最终实现的同时也告诉我们，资金是文化产业的根本驱动力。笔者的观点便是：金融服务于文化产业的态度将直接决定着该产业的繁荣与萧条。那么，金融的态度又是如何呢？

一份数据统计表明，近十年来，掌握着资金命脉的银行业向公司、企业的贷款总额约为 80 万亿元人民币，其中文化产业企业所占比例却不到 1%。而中投顾问产业研究中心的一份数据显示，中国文化及相关产业 2017 年增加值为 35462 亿元人民币，2018 年增加值将达 4.1 万亿元人民币，未来五年（2018 ~ 2022 年）年均复合增长率约为 12.25%，截至 2022 年将达到 6.5 万亿元人民币。由此，若金融仍持现有态度，将令文化产业的未来处于严重丧失动力的危险之境。这种危险在于：一是产业将持续或重现虚假繁荣；二是产业的生态健康崩溃或难以构建；三是产业大萧条。因而，破除文化产业的金融焦虑仍是文化产业经济在步入新时代后的一道生死关口。

　　那么，焦虑要如何破除？破除药方又要如何提出？显然，焦虑形成的原因将有助于我们准确找到需要用药的病灶，以至提出务实可行的药方。

　　破除文化产业的金融焦虑，重点要破除政策层面的消极，重塑金融对文化产业的信心。我国的文化产业发展严重落后于西方，这与起步较晚有着很大关系，但最根本的原因是文化产业的管理模式对其发展的制约。长期以来，我国一直实行的计划经济体制，决定了经济运行的方向和过程由政府主导——政府既是经济活动的组织者，也是经济实体的所有者。这种情况反映在文化管理体制上，则是高度集权的中央管理模式。中央集权的文化管理模式是一种依靠行政指令实施管理的体制。应当承认，高度集中的文化管理在特定的历史时期曾对我国的文化发展起过积极的推动作用。但在实施高度集中的文化管理的过程中，其内在的弊端也暴露无遗。首先，它束缚了广大文艺工作者的积极性，抹杀了不同类型文化单位的不同运行特点，并且有悖于精神产品生产多样性的基本规律。其次，这种因文化管理不适应文化创作而产生的矛盾，在我国社会主义市场经济体制转轨的过程中变得尤为尖锐，它不利于提高文化产业的竞争力；再加上缺失统一的法律法规，以至难以建立文化产业发展所必需的市场化运行机制。

这种管理模式对文化产业产生了影响深远的伤害，拉低了金融信心。但欣慰的是，近十年来，国家政策层面对这一伤害展开了令人印象深刻的积极修复。譬如：2007 年，党的十七大提出"加快文化产业发展，增强国家文化软实力"的号召；2009 年，国务院通过《文化产业振兴规划》，标志着文化产业上升为国家战略；2011 年，党的十七届六中全会发布《中共中央关于深化文化体制改革、推动社会主义文化大发展大繁荣若干重大问题的决定》，首次确立将文化产业发展成为国民经济支柱性产业；2012 年，党的十八大再次明确要推动文化产业快速发展，到 2020 年全面建成小康社会，文化产业成为国民经济支柱性产业；2013 年，党的十八届三中全会提出建立多层次文化产品和要素市场，鼓励金融资本、社会资本、文化资源相结合等众多重要论述；2014 年，国务院发布《关于印发文化体制改革中经营性文化事业单位转制为企业和进一步支持文化企业发展两个规定的通知》；2015 年 9 月，《文化产业促进法》的起草工作启动，中国从政策层面开始引导与规范文化产业的发展；2017 年初，中办和国办印发《关于实施中华优秀传统文化传承发展工程的意见》，引导文化产业的走向；同年 10 月 18 日，习近平总书记在党的十九大上发出"坚定文化自信，推动社会主义文化繁荣兴盛"的伟大号召，并提出"健全现代文化产业体系和市场体系，创新生产经营机制，完善文化经济政策，培育新型文化业态"的全新定位；2018 年 3 年，全国两会再次将文化产业发展定位为"为中国经济的高质量发展注入新动能"。

那么，这一系列的动作与信号是否令金融重拾了信心？可以肯定的是，目前并没有可信数据来支撑这一事实。因而，政策层面永远在路上是个不错的"药方"。

破除文化产业的金融焦虑，需要创新投融资模式，消解金融自身焦虑。文化产业长期不受金融机构——主要是掌握着资金命脉的银行业——的待见，很大程度上来自对资金安全的担忧，尤其是商业化改革后的银行业，在追求商业诉求的前提下更是加重了这种担忧。而文化产业之所以触发了这种担忧，直接原因主要在于：一是生产上的小制作。文化产业长期的小制作生产现象，既是融资问题的反映，又是导致融资问题的主要根源之一。首先，质量堪忧的小制作产品很容易陷入无市或难以回本的困境；其次，小制作限制了产品可以发挥的商业化运营规模与空间，因而更无法满足银行业的商业诉求。二是作为精神供给的文化产品难以进行货币值认定。广泛以介质形式存在的文化产品，其资产值的认定。也就是说，这种"介质产品"在没有兑现为货币前，事实上没有人敢轻易认可它们的实际资产值为多少货币量，以至于很难与银行业建立业务关系。三是文化类企业资产多呈虚拟特征。文化企业，尤其是小微文化企业大都以"轻资产、重创意"为主要资产和经营特征，但这些不利于它们与现行金融体制下的银行业建立信任，因为银行业需要能够换取真金白银来担保信贷资金的安全。

因而，能否消解金融对资金安全的担忧，也关乎着文化产业能否在进入新时代后迎来蜕变。但历史告诉我们，银行业不会做出无条件妥协。由此，我们祭出了第三方金融（本书①对第三方金融进行了系统阐述）。

事实上，这种将第三方金融作为"资金安全区"的创新投融资模式，的确是消解金融自身焦虑的可靠药方，因为它将令金融对文化产业重拾信心。

《流浪地球》的启示：本土化好莱坞 IP 商模的春天

《大长今》让我们在如何备战新时代得到了许多启示，其

---

① 第一章的"治理焦虑：'信用'之药"一节和第三章的"成全'新昌现象'的最终解救者"一节。

中便包括本节所关注的商业运营模式。

所谓好莱坞商运模式，是指好莱坞通过其工业化、程序化的生产模式以及产业成功运作，取得巨大商业成功的运营模式。从广义上看，则是指在完整的市场化投资模式、工业化生产模式、商品化发行模式和消费化放映模式的产业化基础上，通过寻求艺术规则与经济规则、文化规则与产业规则的融合，形成的一种富于活力、能够适应时代变化的独特的商业运营模式。它具备着令人震撼的大投入、大制作和大产出的鲜明特征。

那么，我国的文化产业经济是否也可借鉴这种 IP 商业模式？事实给出了肯定答案。好莱坞商业模式如同迪士尼商业模式一样，能成为国际公认的一种 IP 典范商业模式，绝非偶然。早在 1998 年的美国，"好莱坞"就表现出了不凡身手，在该年度，电影、电视制作及相关衍生产业的总收入为 600 亿美元，而其中仅好莱坞产品就创下了 120 亿美元。2003 年，韩国 MBC 推出了在好莱坞商业模式运营下的代表性产品《大长今》，轻松收获了众多 IP 经济和新兴产业。2008 年，中国华谊兄弟公司在率先尝试该商业模式下累计推出的 30 多部产品中，70% 实现了盈利。其中《功夫》《天下无贼》两部产品是当年票房的冠亚军，《功夫》更是创下了当年中国电影票房 1.73 亿元的收入。2017 年与 2019 年，同样在中国，《战狼 2》票房在 2017 年 7 月 27 日上映 4 小时后便破了亿元，单日票房更是突破 4 亿元，最终收获 56.8 亿元的惊人总票房，而 2019 年贺岁档的《流浪地球》也是轻轻松松拿下了 46 亿元的惊人票房。这两部产品的成功在除去天时、地利、人和等因素外，更在于该商业模式的深度影响。诸如这些发生在不同国家的成功案例，特别是华谊在华语产品上的早期成功借鉴，以及产品《战狼 2》难以超越的国内票房收入，不能不说是为我国文化产业在能否对该商业模式借鉴的问题上做出了一次背书。

华谊是国内第一个成功吃螃蟹的人，但我们必须清醒地认识到，单纯追求票房的狭隘商业兴趣并非是好莱坞 IP 商业模式的核心价值。当然，这并不是华谊的错，因为无论是《战狼 2》还是《流浪地球》仍在继续这种商业兴趣，就像好莱坞资深华裔制片人杨燕子说的："中国电影几乎全靠票房盈利，而美国电影则在想方设法多渠道运营。"那么，在单纯追求票房的狭隘商业兴趣在国内依旧浓烈时，让我们看一看好莱坞的商业兴趣。2014 年 5 月，杨燕子在接受《人民日报》采访时说过这么一段话："好莱坞的几大制片厂都已被更大的公司收购，使好莱坞电影的商业化特征更趋明显。现在谈到好莱坞制片厂，总要用上'属于'这个词，比如我曾经工作过的哥伦比亚公司如今属于索尼公司。这些母公司更重视公司股票价值，而非每部影片可以赚取多少利润。因此，每当宣布为《超人》《蜘蛛侠》这些声名显赫的大片投拍续集时，即使尚未开机，也可营造市场乐观情绪，推高公司股价，而原创片显然没有这种能力。实际上，好莱坞现在并不鼓励电影人去拍独特的影片，认为那是在冒险。"

这段话很清楚地告诉我们，正像好莱坞商业模式中定义的那样，好莱坞对产业的成功运作远比对产品本身要感兴趣得多。而这一商业兴趣，也给国内文化产业经济提供了更成熟的借鉴与创新空间。

那么，我国的文化产业经济该如何借鉴这种商业模式？又将会产生哪些积极而深远的影响？是的，我们不能将兴趣仅停留在产品自身的销售盈收上，这种狭隘的商业兴趣不但让好莱坞商业模式看起来异常平庸，也让我们看起来很愚蠢。但无疑，简单复制也充满风险，即便可行，这种充满权宜之计的短见也无益于甚至阻碍我国文化产业新时代图景的形成。

因而，我们需要一个与产业未来更切合的"中国式好莱坞商业模式"。我们认为，理论上，它应是能实现我国文化产业在艺术规则与经济规则、文化规则与产业规则上的高度切合，并完成融合发展的新型商业运营模式。实践上，它应具备为两种资源转化成 IP 提供市场的培育与建设的能力：一是植入产品亟待完成向资本转化的价值资源，二是产品在热播后所关联的上、下游的有效资源和新生成的有效资源。

其一，本土化的好莱坞 IP 商业模式在被赋予新理论和新使命后，将会对我国文化产业及其经济的新时代布局产生积极而深远的影响。这种深远影响主要在于它对中国特色的实体性产业新生态的构筑。我国是一个文明古国，包括文化资源在内的价值资源分布极其广泛，如果单纯追求一件文化产品自身的销售盈收的狭隘商业兴趣是个极具短见、鲁莽、苍狼式的掠夺行为，因而我国的文化产业需要一个真正适合自己的商业模式来淘汰这种狭隘的商业兴趣。很显然，本土化的好莱坞商业模式为此提供了药方。中国特色令它对两种资源转化成 IP 的市场培育与建设更有兴趣，而兴趣的结果将使诸多能被孵化成新兴产业的两种资源由此孵化和繁荣。这种由它构筑与完成的产业孵化和繁荣图景，事实上是富有中国特色的实体性产业新生态。

其二，全产业链将迎来繁荣。我们在探讨如何突破文化产业化自身建设的瓶颈时提出：要从文艺作品的单一生产转变到"文化产品及其关联的上下游有效资源进行全产业链开发生产"的全面生产和 IP 化上来。但在小制作的历史上，这一做法显得有些无奈与夸张，原因在于有着质量局限的小制作文化产品很难形成具有影响力的文化软实力。本土化的好莱坞商业模式改变了这一点，由它成功形成的强大的文化软实力可以轻易将两种资源催生成众多 IP，给全产业链的生产带来了可能。

其三，推进高质量供给侧结构的形成。好莱坞商业模式的大制作生产将对小制作形成围剿，高质量的供给会从根本上动摇并终结我国文化产品市场长期以来的粗放供给，以至形成高质量的供给结构。而这一供给结构的到来，也将彻底阻断小制作泛滥所引发的产业虚假繁荣，以及虚假繁荣对两种资源造成的高度浪费。

此外，由于本土化的好莱坞商业模式令产品的商业化运营规模与空间得以充分发挥，因而满足和提振了金融对文化产业的信心与商业诉求，这为两者在建立新时代关系上提供了新一轮对话环境。总之，本土化的好莱坞商业模式是我国文化产业通向繁荣的新路径。

第六章

"三驾马车"：产业孕育、市场引导与产品消费

文化产业不仅是一种产业，更是一种操纵消费观念的工具。它一方面遵循商业逻辑进行工业生产；另一方面又对大众消费意识进行干预，尤其在视觉文化身上表现明显。一件文化产品能够通过事先创意的剧情诱导大众接受并遵从它主张的消费观念，以至完成对消费观念和消费时尚建构的目的。由此，在大众消费的过程中，具有造血母体效应的文化产业在很大程度上充当了左右大众 IP 消费观念的孕育者和助产士的角色。

在这一角色上，由于事先创意的剧情是跟从目标市场定制的，因而具有传媒属性的文化产品在积极逢迎、拉拢、争取受众的过程，也是完成消费观念传播和消费时尚建构的过程，更是催生并引导大众完成消费的过程。

一棵树所完成的商业哲学

通过文化产业的造血母体效应来获取新兴 IP 产业和商业，是现今社会或地域新兴品牌体孵化与快速成长较为有效的路径。

至于这一路径的可靠性，我们依然在代表性产品案例《大长今》身上看到了最有力的背书，它在牵引大众消费意识上的出色表现，完成了消费观念和消费时尚的建构，以至成功孵化新兴 IP 品牌体。2004 年，由于该产品的热播，致使与"大长今"有关的一切都成了人们的兴趣，而这些因人们的兴趣产生供给价值的两种资源迅速被孕育成知名产业。穿韩式服装，吃韩国饭，2006 年的一份数据也表明，同样受"大长今"这一品牌体的影响，截至 2010 年，30 多家韩国餐厅在中国香港开业，且仍有新的韩食店不断加入。

我国的文化产业在建构消费观念和消费时尚、孵化地域新兴 IP 品牌体的早期历史上已有过斐然表现。譬如产品《刘三姐》让世界知晓"桂林山水甲天下"后，漓江国际旅游线红火至今；《阿诗玛》让世界知晓"云南石林奇观"后，石林县变身旅游胜地；《阿诗玛》《五朵金花》孵化了"阿诗玛""蝴蝶泉""五朵金花"等香烟品牌体。

文化产业对大众的消费意识进行了成功干预，它可轻易做到让全世界的人们情愿为一角远藏劳于鞍马，可轻易让一个只借助于剧情中的某一形象或概念孵化诞生的 IP 品牌体从此热销，甚至可以让一棵朴朴素素的树也能成为大众竞相消费的对象。

在《刘三姐》对歌剧情中有棵极为普通的大榕树，当然，首先需要说明的是，我们并没有对它是否有意植入进行过考证，但这不影响我们对一种现象的价值研究。或许的确是个意外，很难想象就在该产品热播后，中外游客纷至沓来的那种蔚然壮观的场面。他们争先恐后地穿戴影片中的服饰在大榕树下拍照留念，以至这棵大榕树竟为它所坐落的小村庄每年创收数十万元，村民们因此脱了贫。

一棵普通的树能够带来什么？很难假设，然而一切就这么改变了。它所带来的新经济改写了那些村民以至一个地域的命运，这是它给出的商业哲学。由此，我们很有必要来理一理这一新经济迅速成长的逻辑。

无论这棵树是不是有意植入剧情的价值资源，它最终被

《刘三姐》孵化成具备价值供给的 IP 品牌体，这在理论上没有问题，因为完全符合文化产业造血母体效应的逻辑。但值得关注的是，在它蜕变为品牌体的过程中，另一个过程也正有条不紊地向前推进着。在剧情的不断帮衬下，大众发现自己对大榕树越来越有兴趣时，事实上是主观实现对大众消费观念引导的一个过程，而这个过程的完成，也就意味着围绕大榕树——这一核心品牌体的新兴消费市场建构过程的完成。

因而，有着造血母体效应的文化产业在孕育新兴 IP 产业和商业的同时，也完成了对大众消费观念的孕育、建构，甚至操纵。

大肠杆菌蔓延美国 20 个州是必然

消费市场何以顺利建构，问题的最终还得落到对大众消费观念的引导上来。因而，文化产业是否具有消费引导或操纵的实现能力将成为关键。

文化产业是影响人们日常生活的一种非常性特殊媒介，这一属性在视觉文化产品上尤为可见，因而大众媒介的传播功能仍将是它最为管用的武器。那么，为什么要说它是非常性特殊媒介呢？事实上，这便是它异于也是超越于一般大众传媒的地方。它在社会流通中不但可履行大众传媒对外传播的功能，同时还可通过其产品自身的独有特质完成情感传播。至于文化产品的特质，主要是指其构成中的剧情或泛剧情，而情感传播主要是指借助剧情这一载体，将两种资源或有广告需求的产品、商业等进行无缝植入为特征的传播。

情感传播很巧妙地利用剧情对大众的消费观念与意识形成情感干预和攻关，完成 IP 消费引导。譬如，国内出品的电影产品《命运呼叫转移》便是代表性案例之一。该产品不但对植入全片的"移动电话"履行媒体的传播功能，而且在四段剧情丰盈的故事帮衬下对大众的消费观念成功施行了情感干预，赢得了大众情感，建构了良好的消费市场。

而这一传播在 IP 消费引导的实现能力上，有时更彰显得犹如神迹。1929 年美国出品的卡通产品《大力水手》，它通过爱吃菠菜的英雄人物向小朋友们不断传递一个信号："只要吃菠菜，你就能变成像大力水手一样强壮的英雄！"为什么会有这样的剧情，难道？没错，菠菜就是被植入的。因为一家生产罐头菠菜的企业赞助了这部产品，虽然这并不是所有人想要的事实。但即便如此，奇迹还是发生了。这一信号在剧情的帮衬下很快掀起了近似失控的"菠菜热"。美国人开始普遍培养吃菠菜的习惯，以至在美国卫生史上留下了最糟糕的"大肠杆菌事件"。由于罐头菠菜的热卖，大肠杆菌也借势扩散到 20 个州，造成至少 100 例的大肠杆菌感染病例。

诸如这些案例告诉我们，文化产业作为影响人们日常生活的一种非常性特殊媒介，对大众消费观念或意识的引导或操纵的实现能力异常强大，以至出现"大肠杆菌事件"这一糟糕现象，但无疑也是一次贴近神迹般的完美背书。

引导的实现，事实上是一个积极逢迎、拉拢、争取受众过程的实现，更是催生并引导大众完成产品消费过程的实现。那么，大众在这一过程中何以脆弱到心甘情愿就范，无法拒绝 IP 消费呢？

成功的情感干预应是对此的最合理解释，但在这个案例中却给出了更多理由。譬如，在系列电影产品《007》中，通过 007 这一人物将诸如概念型手机、新型手表、饮料等产品不动声色地放进了公众购物车，尤其是欧米茄手表、BMW 新款跑车等众多植入品牌体在它每个系列中的高频现身，让大众被动接受。这种近乎控制的"无处可逃"，在引导上表现惊艳的诸多案例身上，往往都可以轻易找到这种操纵大众完成消费的共识，譬如《大力水手》《命运呼叫转移》等产品。

　　我国文化产业的发展仍任重道远，它在供给侧结构、产业生态、商业模式、金融服务等诸多层面正面临严重的制约性问题。但让我们无比欣慰的是，在将它列入国家主导产业之后，新时代的中国将它明确定位为国家经济高质量发展的新动能。可见，文化产业的未来正方兴未艾。至于我们在本章所阐述的文化产业的产业孕育、市场引导和产品消费三大 IP 目标的实现能力，无疑为经济的文化突围提供了事实可行的"三驾马车"。

第二篇

价值资源变现IP经济的范式

人往往趋名逐利，尽管我们常常尝试否认。我们无法否认自己有过或正为一次自私行为而表现得洋洋得意或异常兴奋，而这足以说明人的这一属性。由此，我们除了需要不断提醒自己，还应尽可能通过制定标准来作为行动规范，避免因趋之若鹜而身陷风险。

通过文化产业这一路径来完成价值资源向 IP 的转化，推动经济快速崛起是一系统化的大战略工程，但一个地域的文化资源、社会状况、经济环境等因素是否具备或足以支持这一战略，必须得有一个由各项指标组成的可行认定系统来告诉我们，以便制止我们的盲目性，制止可能因此而被我们亲手毁掉的价值资源。

在通过可行认定后，另一件重要工作更是不容小觑，它便是产业链环境下商业运营系统模式的全面建构，它好比一张文化产业工程的商业帝国蓝图，一张如何做到纵横捭阖的晴雨表。

第七章

创意文化产业项目的提审与可行认定系统的建构

当文化开始以一种产业的身份走向市场时，其产品的构成将是宏观的，囊括以视觉文化为代表与引领的狭义或广义上的所有可能被实现的创意文化产品。因而，首先摆在我们面前的便是对所提审的产业项目进行可行性认定和市场风险硬性控制的预测。

主要包括：一是对意向性合作项目所提审的文化资源认定；二是对意向性文化资源开发所在地域经济环境待认定；三是被开发主体（政府）对本地域文化产业开发需求的自我市场前景评测（见图 7－1）。

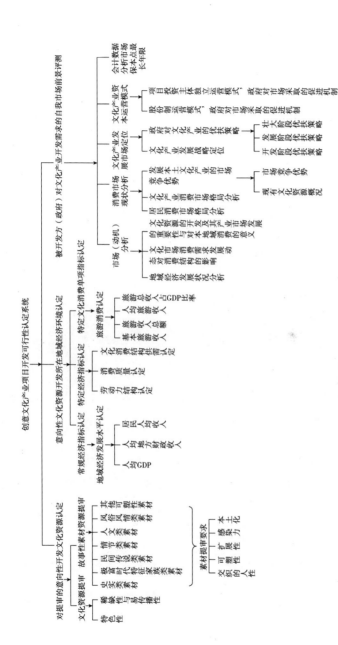

图 7 - 1 创意文化产业项目开发可行性认定系统

文化资源与其他价值资源认定

对于提审意向性开发的文化资源与其他价值资源的认定过程，主要是对文化资源进行重点认定，包括意向性开发的文化资源认定与故事性素材资源提审认定两部分。

一、提审的意向性开发的文化资源应具备三特性

待认定文化资源是广义上的，但应具特色性、稀缺性与易传播性。

特色性。在地域内所富有的独特的风俗风情、历史文化、饮食文化、服饰文化、曲艺文化、人文、地域歌舞等。

稀缺性与易传播性。除在特色性中所提及的各类文化外，地域内拥有的易感染公众情绪，并令公众产生向往的非常规地貌、古文明遗址、罕见景观，以及奇药、奇石、奇山、奇泉、奇迹、奇矿之一切"奇物"等。

如果地域文化资源越富有上述的三特性，就越具有供给价值，越有利于文化产业发挥其造血母体效应等功能。因而，被

提审的待认定文化资源应努力向三特性靠近。

二、提审待认定故事性素材资源，是项目运作成功的先决条件

内容是成全一切可能的前提与核心。故事性素材资源的提审，可从根本上保证项目运作的成功，并在剧情开发上充分保证地域本土文化特性。此外，高质量的内容更是保证市场竞争力形成的关键。因而，被提审的故事性资源首先应是发生在本地域，并在一定的时空中有过较大社会影响。譬如：

史实性素材资源。在本地域发生的具有广泛影响力和感染力的历史事件，可以是正史记载的宏大事件，也可以是野史野册载录的尚以口舌相传或未传的烟云秘史。

家族类素材资源。在本地域史上，那些具有极其戏剧化与复杂人性的沧桑宅院，可以是一个能反映社会变迁的代表性家族，也可以是社会变迁中充满矛盾的几大代表性家族。

民间传说类素材资源。流传在本地域，诸如人、神、侠义或鬼怪等各类传说故事或神话，并具有一定的正面意义。

情节类素材资源。能够反映本地域社会风貌的代表性生活类素材。

人文类素材资源。重点是指本地域史上的盛名之士，在结

合他们身上发生的知名事件后所形成的稀有人文故事。

风俗风情类素材资源。是指本地域的人们在一方水土上形成的独特习俗生活，诸如求爱方式、地域色彩的信仰活动等。譬如，安徽池州山中古老的精神逐鬼与祈福免灾的傩戏文化现象、基于民间喜闻乐见的"对山歌"而创意制作的风俗风情类电影产品《刘三姐》。

其他可塑性素材资源。其他拥有情节发展较为完整、较有感染力的地域"故事"。

提审的故事性素材资源还应满足以下要求：

人性。以人为本，对于提审的素材资源同样要基本具备创意文化产品中人物造型所需的或美或丑、或善或恶的立体人性。

可塑化。提审的素材资源必须是段较完整的"故事"（即有始有终），或基本具备形成剧本框架设计的可能。

扩展性。提审的素材资源应具备创作上的张力，即素材要拥有被持续挖掘的创作空间，以保证对产品的后续或连续开发的需求。

感染力。确定剧本所采用的素材资源能够引起目标市场的共鸣，而这种共鸣即为感染力。

本土化。提审的故事性素材资源，需保证本地域性和原产原创性。

所在地域经济环境待认定

某地域的文化资源是否达到开发要求，除具备可供开发的文化资源和其他价值资源外，还应具备相对支持的经济环境。那么，针对开发所在区域的经济环境认定也就显得十分必要。

在经济环境认定的过程中，所在地域的被开发主体（政府）应向项目主体提供能反映当地稳定和持续向上的经济环境的经济指标数据，以备确认对所提审的意向性开发的文化资源在硬性经济环境中是否已经具备市场的可行性，主要基于对常规经济指标、特定经济指标和特定文化消费单项指标的认定上。

一、通过常规经济指标对经济环境认定

经济发展水平认定。主要使用人均 GDP、人均地方财政收入、居民人均纯收入三项经济指标，通过对当地近三年经济发展状况的考察来完成认定（见表 7 - 1）。

表7-1 经济发展水平认定   单位：万元

年份	人均 GDP	人均地方财政收入	居民人均纯收入

二、通过特定经济指标对经济环境认定

从劳动力资源供给实现度来考察资本市场活跃度。在经济环境认定过程中，认定劳动力结构所涉及的劳动力流动与就业的近三年状况，就可以准确地看出劳动力资源供给的实现度。劳动力资源供给实现度则在一定意义上反映出当地资本市场活跃的程度，因而被列为特定经济指标加以认定（见表7-2）。

表7-2 劳动力结构特定经济指标认定

年份	总劳动力（人）	流出量（人）	流入量（人）	就业率（%）

进行消费质量与消费结构认定，把脉文化产业的实有市场。考察消费质量，借助于消费水平，认定人们用于精神（文

化）上的消费；而考察消费结构，目的在于掌握和探索文化消费供给与需求的变动趋势。在一个地域人均 GDP 达到 1000 美元时，人们的消费应由基本的物质商品消费转向高级的精神商品消费，因而，我们通过消费质量（见表 7 - 3）和消费结构（见表 7 - 4）近三年的变化来进行精神消费力的认定，以确认当地文化产业是否具有实有市场。

表 7 - 3 消费质量认定 单位：%

年份			
精神（文化）产品消费占居民总消费比率			

表 7 - 4 文化消费结构供需认定 单位：%

年份			
文化消费需求占居民消费总需求比率			
文化消费供给率			

三、通过特定文化消费单项指标认定

随着人们物质消费的日益饱和化，消费开始向高质量的精神消费趋近，而在消费结构的演变中，旅游消费在近年的消费

市场上显得格外耀眼，成为泛文化类消费的一种代表性产品，因而，它被作为特定的文化消费单项指标列入认定，即通过近三年的基本旅游收入、旅游收入总额和人均旅游收入来认定当地旅游业的发展水平和程度，以及相应旅游商品市场的冷暖（见表 7 - 5）。

表 7 - 5   旅游消费认定

年份			
基本旅游收入（万元）			
旅游收入总额（万元）			
人均旅游收入（万元）			
旅游总收入占 GDP 比率（％）			

被开发主体对本地域文化产业开发需求的自我市场前景评测

本轮评测是要求被开发主体（政府）对本地域文化资源开发做出自我市场前景的认定。这一认定将在很大程度上规避与降低创意文化产业项目开发的盲目跟风行为和市场风险。评测内容主要包括：

一、市场（动机）分析

（1）地域经济发展状况分析。

（2）文化市场的消费需求发展动态与对消费结构的影响。

（3）文化资源的开发及其产业市场发展的重要性与对本地域消费的意义。

二、消费市场现状分析

（1）居民消费市场格局分析。

（2）本地文化产业消费市场格局分析。具体包括待认定文化资源"特色性"中各类文化的消费，以及文化产业衍生的产业消费。

（3）发展本土文化产业的市场竞争优势。

1）现有文化资源概况；

2）市场竞争优势。

三、文化产业发展的市场定位

（1）文化产业发展的战略定位。

（2）被开发主体（政府）对文化产业的倾向性政策优扶策略。

1）文化资源开发阶段倾向性政策优扶策略（5~10 年）；

2）文化产业发展阶段倾向性政策优扶策略（5~10 年）；

3）文化产业壮大阶段倾向性政策优扶策略（1~5 年）。

四、文化产业的资本运营模式

（1）采用股份制运营模式。被开发主体（政府）所占股份比例与相关市场促进机制。

（2）交于项目主体独立经营的运营模式。在经营年限中，被开发主体（政府）的市场促进机制。

五、预测保本点与实现创收的最长年限

对项目总投入回收期进行会计数据分析，预测保本点实现所需的最长年限。

关于创意文化产业开发的提审与可行认定，是一项事先所进行的市场风险硬性控制、预测和防范性评估工作，它将形成一份决定某地域是否具备开发的最权威报告。

第八章
创意文化产业项目的商业模式及其
运营系统的建构

提审的创意文化产业项目在通过开发可行性认定后，项目主体将面临商业的开发和运营。因而，我们将在本章中阐述一款最为典型的商业模式及运营系统（见图 8 − 1），主要由项目决策层、执行层、核心商业目标模块、职能模块、功能模块及资本积累循环系统六大部分组成。

首先，让我们来看这款最典型的商业模式。简单来说，是指以最具活力的视觉文化创意产品（电影电视）开发为核心与基础，并通过其强悍的造血母体效应、孵化力和"三驾马车"的实现能力来推动并完成工业化、程序化的生产模式，以及产业、资本的成功运作。从具体目标实现上来看，整个模式依次由项目商业资源调研、视觉文化创意产品开发、商业资源开发与资本化运作、后期商业市场培育四大核心商业目标模块构成，由此，这一商业模式在宏观上又相当于以视觉文化创意产品开发为核心与主导的全产业链。

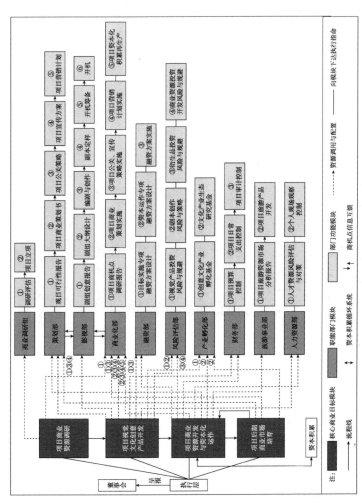

图 8 - 1 创意文化产业项目典型商业模式及其运营系统

　　其次，来看该商业模式的运营系统。这一系统的最大亮点在于注重并强化了在项目运营中的程序性、规范性和实战性，并关注各阶段或环节上的微观运营策略，以至在全面提升对隐性风性或风险投资行为的有力掌控能力下，保证创意文化产业项目的稳健运行。

　　但在运用本系统之前，要知道这项准备工作不可或缺。我们必须尽可能地对项目主体公司的人、财、物等内部资源，以及公司现有技术力量现状、职能部门及其功能现状、核心竞争力、目标市场、外部市场环境等做到了如指掌，这将保证四大核心商业目标模块在目标实施中快速完成资源优化重组，以便确保各自商业子系统的成功运营。

系统中的执行层与董事会

系统中的执行层是文化产业项目在核心商业目标实施过程中的首脑，全局性掌控运营状况。从设立之初，它就忙碌着"上传下达"地执行使命。它常常先从各职能部门模块中优化所调用的各项资源，接着便会马不停蹄地向正在运营中的核心商业目标模块进行配给。

至于执行层的首脑重要性主要表现在，当项目产业链上的某个核心商业目标收官后，能否进入下一个核心商业目标的实施，只有它才有话语权与实际决定权。

但执行层依然得接受约束，履行其呈报职责。在某个核心商业目标圆满收官后，执行层需向运营系统中的最高权力机构董事会提交目标完成情况报告；当核心商业目标全部完成即一次产业链周期结束后，执行层同样需向董事会递交项目总目标完成情况报告（见图8-2）。

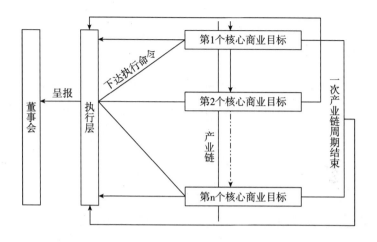

图 8 - 2　一次产业链周期下的运营呈报机制

核心商业目标的运营模式

何谓核心商业目标？即创意文化产业项目在全产业链布局中需要实现的战略性商业目标。在本运营系统中，它们以不同的核心商业目标模块存在于产业链的不同阶段，从而形成各产业阶段需要实现的战略性商业目标，它们依次为项目商业资源调研模块、视觉文化创意产品开发模块、项目商业资源开发与资本化运作模块、项目后期商业市场培育模块等。

在运营模式上，这些核心商业目标模块拥有着一个基于项目商业模式上的基本运营模式，以及在实现各自商业目标时的不同商业子运营系统模式。而这些子系统运营模式，事实上也决定并构成了整个系统的运营模式。

其一，基本运营模式。我们在本章的开始已经有过表述，从具体目标实现上看，这款文化产业项目的典型商业模式也是由各核心商业目标模块依次构成的。这种在产业链上形成的严谨的运营次序，同时也形成了一个稳定的基本运营模式。这一模式具有环环相扣、不可逾越的特点。上一个核心商业目标的运营成效，将直接在下一个核心商业目标的运营中体现出来。而当"后期商业市场培育"成熟后，便会重返至它的上一个阶段"项目商业资源开发与资本化运作"，形成一个持续的商业循环开发系统（见图8－3）。

其二，不同商业子运营系统模式。在运营系统中，由于核心商业目标模块对实现目标的不同需求，便迎来了各自的商业子运营系统模式，即项目商业资源调研运营模式、视觉文化创意产品开发运营模式、商业资源开发与资本化运作运营模式、项目后期商业市场培育运营模式等。

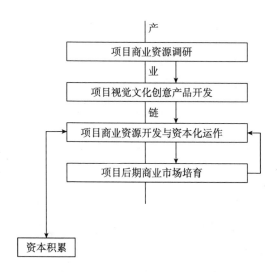

图 8-3　核心商业目标基本运营模式

　　相对于庞大的整个运营体系，子运营系统模式有着诸多明显的优点。譬如，规避长线运营中过多成本的浪费；"化整为零"的短线运营解决了对资源重组的不可控性，优化了对资源的使用强度与密度；拥有了更为完整与高效的物流、信息流、资金流的产供销系统。

商业资源调研运营模式

项目商业资源调研运营系统主要担负着创意文化产业在立

项前的商业资源调查。

系统执行层在下达项目商业调研活动的目标指令后，便开始调用与配置参与活动所需的组织资源。在整个调用与配置过程中，首先是某些职能部门模块得到调令，然后是职能部门按目标的实现需求配置功能模块。这些从不同职能部门配置来的功能模块，在通过重组后形成项目商业资源调研子运营系统（见图8-4）。同样，这也是其他三个子运营系统的形成方式。

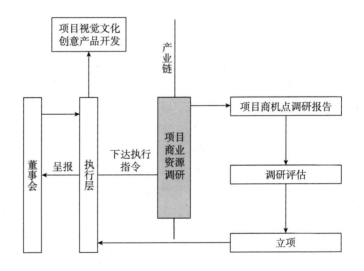

图8-4 项目商业资源调研运营模式

至于是否立项，项目调研系统将会根据认定系统出具认定报告，并由执行层向董事会呈报。

视觉文化创意产品开发运营模式

在创意文化产业立项之后，便意味着将迎来项目产业链上的第二个核心商业目标阶段，即视觉文化创意产品开发阶段。需要提醒的是，它是产业链中最为核心与基础的一个阶段，甚至可以说本阶段核心商业目标的成功与繁荣与否，将决定着全产业链的成功与繁荣。

视觉文化创意产品开发的过程，事实上也是对地域各类价值资源（两种资源）实现整合与植入的一个重要过程。因而，被开发的视觉产品能否获得成功（热播），能否将它强悍的造血母体效应、孵化力和"三驾马车"的实现能力充分释放，将直接决定着经济实现文化崛起的可能。

在这一事关项目命运的关口上，为了保证核心商业目标的成功实现，视觉文化创意产品开发运营系统在组织资源的配置上相当奢侈。它不但获得了策划部、影视部等职能部门的所有技术力量，而且融资部、产业孵化部、商业化部、财务部、风险评估部及人力资源部均枕戈待旦。

我们在运营系统模式图中可以看到，执行层在下达视觉文化创意产品开发的目标指令后，便开始调用与配置参与目标执行的组织资源。当被开发的视觉文化创意产品成功收官后，运营系统将会出具关于本阶段核心商业目标完成情况报告，并由执行层向董事会呈报（见图8-5）。

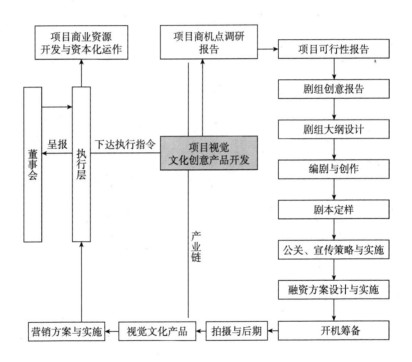

图8-5　项目视觉文化创意产品开发运营模式

商业资源开发与资本化运作运营模式

经济能否实现文化崛起，取决于上一阶段核心商业目标的成功实现，更取决于本阶段核心商业目标的成功实现与繁荣。这不难理解，因为这是一个针对两种资源的集中大开发、大生产的运营阶段。

那么，本阶段的核心商业目标是如何得以实现与繁荣的？在上一阶段核心商业目标成功实现后，也就意味着视觉文化产品的强悍造血母体效应、孵化力和"三驾马车"的实现能力已经被充分释放，由此，两种资源在它们的作用下蜕变为具有影响力的供给价值，迎来了集中的商业开发与生产。而与此同时，资本也开始大量流入，加速了本阶段资本的经营与积累，为持续的商业循环开发与生产提供了根本动力与保障。

同样，由于本阶段核心商业目标的实现与繁荣对经济的文化崛起具有决定性意义，因而在资源配置上，你会发现商业资源开发与资本化运作运营系统毫不逊色于视觉文化创意产品开发运营系统。策划部基于自身功能，奉献全部家底，表现出责无旁贷；商业化部则更是事无巨细，任劳任怨；融资部、风险评估部、产业孵化部、财务部、旅游事业部及人力资源部也都积极备战，整装待发。

从运营系统模式图中可以看出，执行层在下达商业资源开发与资本化运作的目标指令后，便开始调用与配置参与目标执行的组织资源。当目标成功执行后，运营系统将会出具关于本阶段核心商业目标完成情况报告，并由执行层向董事会呈报（见图8-6）。

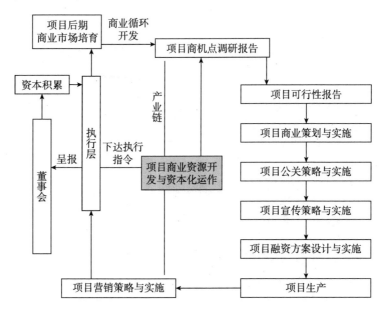

图8-6　项目商业资源开发与资本化运作运营模式

后期商业市场培育运营模式

商业资源开发与资本化运作运营系统在集中完成两种资源的大开发、大生产时，对于那些暂不成熟却拥有商机的价值资源，便需要我们通过后期商业市场培育运营系统来完成对它们的培育。

在培育对象上，主要包括：一是在两种资源中发现的具有商机却不成熟的价值资源；二是在已经成功开发的品牌身上发现的具有商机却不成熟的价值资源。一旦这些犹如襁褓中的雏蚕被培育成熟后，便将重新进入商业资源开发与资本化运作阶段，我们将这个过程称为一个持续的商业循环开发系统。

在培育资金上，主要由产业孵化部的文化产业生态研究基金提供。产业孵化部将在这一核心商业目标上对外来资本持开放态度，而作为回报，外来资本主体将优先参与或竞购对培育对象的商业开发权。

在资源配置上，后期商业市场培育运营系统主要由策划部、商业化部与产业孵化部等职能部门的相应功能模块构成。当目标成功执行后，运营系统将会出具关于本阶段核心商业目标完成情况报告，并由执行层向董事会呈报（见图 8 - 7）。

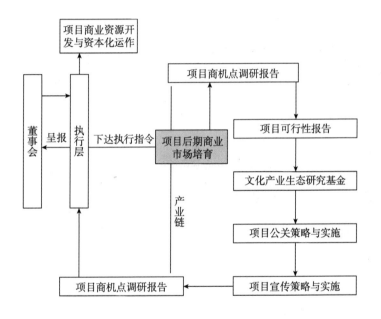

图 8 - 7　项目后期商业市场培育运营模式

系统中组织资源的优化重组

在这款典型商业模式的运营系统中，各阶段核心商业目标的成功实现与繁荣的一个重要保障在于有着高质量的组织资源。因而，完成这些高质量组织资源的建设，对于项目主体来说是个必须正视的严肃问题。

一、系统中的组织机构与机构功能

建设高质量的组织机构首先应从战略层面考虑。系统各阶段的核心商业目标是一个相对独立又紧密关联的生存体系，以至任何一个核心商业目标都在决定或左右项目命运的战略关隘，因而，在建设组织机构上不仅在设立时须关注战略性，更须关注战略性任务的实现能力。本运营系统的组织机构主要包括商业调研组、策划部、影视部、商业化部、融资部、风险评估部、产业孵化部、财务部、旅游事业部和人力资源部等职能部门。

机构功能是运营系统判断高质量组织机构的一个重要标

准。在核心商业目标的实施中，对组织资源的调用与配置过程，本质上是对系统内各组织机构功能的一次优化重组过程。由此可见，机构功能的质量将对核心商业目标的实现质量产生直接影响。那么，何谓机构功能？是指设立的机构在履行日常业务基础上所形成的专业执行能力。从表 8 - 1 中我们可看到本运营系统各职能部门形成的功能模块。

表 8 - 1　运营系统中的各职能部门及功能模块

职能部门	部门功能模块
商业调研组	调研评估模块、项目立项目模块
策划部	项目可行性报告模块、项目商业策划书模块、项目公关策略模块、项目宣传方案模块、项目营销策略模块
影视部	剧组创意报告模块、剧组大纲设计模块、编剧与创作模块、剧本定样模块、开机筹备模块、开机（拍摄与后期）模块
商业化部	项目商机点调研报告模块、项目商业策划实施模块、项目公关策略实施模块、项目宣传策略实施模块、项目营销策略实施模块、扩大再生产模块
融资部	目标实施专项融资方案设计模块、资本运作专项融资方案设计模块、融资方案实施模块
风险评估部	视觉产品投资风险与规避模块、剧本创作风险与策略模块、衍生品投资风险与规避模块、商业资源投资开发风险与规避模块
产业孵化部	创意文化产业孵化基金模块、文化产业生态研究基金模块
财务部	项目预算控制模块、项目日常支出控制模块、项目审计控制模块
旅游事业部	项目旅游资源市场分析报告模块、项目旅游产品开发模块
人力资源部	人才资源风险评估与对策模块、个人现场观察控制模块

二、系统中组织资源的优化重组

为什么要进行组织资源的优化重组？其一，由于产业链各阶段核心商业目标的不同，决定了对组织资源的不同配置需求；其二，有利于在目标导向下，集中优势资源，高质、高量、高效地完成目标任务。

在本运营系统中，组织资源的优化重组主要集中于项目商业资源调研运营模式、视觉文化创意产品开发运营模式、项目商业资源开发与资本化运作运营模式、项目后期商业市场培育运营模式四大子运营系统模式中。

在优化重组发生时，通常是系统执行层下达目标执行指令后，便开始调用与配置参与目标实现所需的组织资源。在整个调用与配置的过程中，首先是系统中某些职能部门模块得到调令，然后是职能部门按目标的实现需求配置功能模块。这些从不同职能部门配置而来的功能模块，在通过重组后形成目标的运营系统。从表 8-2 至表 8-5 中我们可以清楚地看到，四大子运营系统对组织资源的调用情况。

表 8-2　项目商业资源调研运营模式下的资源调用

调用的职能部门	调用的部门功能模块
商业调研组	调研评估模块、项目立项模块
商业化部	项目商机点调研报告模块

表8-3 项目视觉文化创意产品开发运营模式下的资源调用

调用的职能部门	调用的部门功能模块
策划部	项目可行性报告模块、项目商业策划书模块、项目公关策略模块、项目宣传方案模块、项目营销策略模块
影视部	剧组创意报告模块、剧组大纲设计模块、编剧与创作模块、剧本定样模块、开机筹备模块、开机（拍摄与后期）模块
商业化部	项目商业策划实施模块、项目公关策略实施模块、项目宣传策略实施模块、项目营销策略实施模块
融资部	目标实施专项融资方案设计模块、融资方案实施模块
风险评估部	视觉产品投资风险与规避模块、剧本创作风险与策略模块
产业孵化部	创意文化产业孵化基金模块
财务部	项目预算控制模块、项目日常支出控制模块、项目审计控制模块
人力资源部	人才资源风险评估与对策模块、个人现场观察控制模块

表8-4 项目商业资源开发与资本化运作运营模式下的资源调用

调用的职能部门	调用的部门功能模块
策划部	项目可行性报告模块、项目商业策划书模块、项目公关策略模块、项目宣传方案模块、项目营销策略模块
商业化部	项目商业策划实施模块、项目公关策略实施模块、项目宣传策略实施模块、项目营销策略实施模块、扩大再生产模块
融资部	目标实施专项融资方案设计模块、资本运作专项融资方案设计模块、融资方案实施模块
风险评估部	衍生品投资风险与规避模块、商业资源投资开发风险与规避模块
产业孵化部	文化产业生态研究基金模块
财务部	项目预算控制模块、项目日常支出控制模块、项目审计控制模块
旅游事业部	项目旅游资源市场分析报告模块、项目旅游产品开发模块
人力资源部	人才资源风险评估与对策模块、个人现场观察控制模块

表 8-5　项目后期商业市场培育运营模式下的资源调用

调用的职能部门	调用的部门功能模块
策划部	项目可行性报告模块、项目公关策略模块、项目宣传策略模块
商业化部	项目商机点调研报告模块、项目公关策略实施模块、项目宣传策略实施模块
产业孵化部	文化产业生态研究基金模块

风险管理与控制

在商业运营中，存在着一个令人最为不安却难以规避的问题——风险。因而，在针对可能产生的诸如投资风险、技术风险、环境风险、市场风险、人才资源风险等各类风险的应对上，这就迫切需要项目主体建设高质量的风险评估机构和管理体系。那么，本运营系统对风险的管理是怎样进行的呢？

对目标定向配置专业的风险评估与防范资源，严控目标发生重大风险。系统中的风险评估机构主要由风险评估部组成，功能模块主要有视觉产品投资风险与规避、剧本创作风险与策略、衍生品投资风险与规避、商业资源投资开发风险与规避四大模块。其中前两个功能模块定向为视觉文化创意产品开发这一核心商业目标提供风险评估与防范，后两个功能模块定向为商业资源开发与资本化运作这一核心商业目标提供风险评估与防范。同时，人力资源部的人才资源风险评估与对策模块，也定向为参与上述核心商业目标实施的重要技术岗位人员提供人才风险评估。

管理目标的安全风险，严控目标发生重大风险。在一个目标需要实施时，系统中的风险评估机构将在了解风险、把握风险的基础上，向执行层提供两种安全风险预警：一是目标实施中能否承受现有风险；二是目标实施中遭遇风险发生的损失或影响程度是否可控。风险评估机构在管理这两种风险时，主要是管理它们对目标不会形成威胁，即目标在实施的事前或事中，即便已知风险发生或其他风险发生也在安全可控内。

此外，高质量的内控结构也是严控目标发生重大风险与目标实现的重要力量。在一个目标实施时，系统中执行内控的组织机构主要有执行层、财务部和人力资源部，执行层通过对组织资源的调用配置过程，来优化目标实现的运营系统；财务部通过部门功能对目标做出预算、日常支出和审计等控制，来维护资金的专款专用；人力资源部通过"个人现场观察控制"规范目标实施参与人员的行为，来确保工作效率。

　　因而在目标导向下，系统中的这些内控力显然做到了能够快速集中优势资源，高质高量高效地完成目标任务，能够保护各项资产在目标实现过程中的安全、完整，防止因出现资金流失等给目标实现造成重大风险。

第三篇

实操公开课：不同价值资源的IP实现

第一篇、第二篇介绍了大数据以及一些最终的研究结论、系统模式建构和多维度方法论，其目的是尽可能使创造者们能够获得创意的正确思维逻辑和模式建构的能力，即努力协助创造者们成为一名合格的职业创变者，或者说创意文化产业决策者、设计者或工作者。而本篇将更多地承担起"理论联系实际"这一重要角色。

本篇突破知识边界，大剂量实操公开课深耕不同知识，进行运用融通、思维融通、创变融通。我们主要安排了笔者直接参与并主持设计的四个项目案例的讲授，每一个案例构成一章。前两章，笔者通过案例着重讲述完成价值资源转化为 IP 的路径——创意文化产业，涉及它的顶层设计方略和文化的"三驾马车"（产业孕育、市场引导与产品消费），或者说集中透析它的母体效应、造血功能和独特的"创意文化产品营销手法"；后两章，笔者则再次在不同价值资源的 IP 变现，即创意产品实现的思维逻辑上表现得极有耐心，不厌其烦地通过大量烦琐而具体的终端产品实现案例的讲授，来试图培育作为一名职业创变者必须具备的正确思维逻辑的能力。

第九章
从"七王坟"看文化产业的母体效应如何发酵

2007 年，时任国家主席胡锦涛第一次在党的十七大报告会上明确提出"推动社会主义文化大发展大繁荣""兴起社会主义文化建设新高潮，提高国家文化软实力"这一号召，从而真正揭开了我国以文化软实力拓展国力，打造区域品牌与带动地方经济跨越发展的新思路。因而，随着 21 世纪的到来，我国一向被忽视被边缘化的一种产业被重新提上日程，成为带动经济发展的母体产业，那就是文化产业。对那些蕴含着一定价值却无法得以顺利推向市场的诸如历史古迹、人文、民俗民情等各类资源，都可以通过恰当的创意文化产品或创意文化体（如按一定人文、历史古迹等开发而成的景点或其他可供欣赏的实体）进行资本化进入市场，置换成真正的货币资金，实现资源价值。

现在，就让我们遵循这一思路，设想我们正在北京市海淀区的七王坟村积极筹措一座以画家和当地生态环境作为两大基础支撑资源、以人文经济为主体的"七王坟原生态人文创意产业园"（以下简称"七王坟"），同时计划着建造一个"画家村"，作为带动产业园实现产业发酵、市场运营的核心竞争原动力的创意实体设想，并按文化消费市场走势进行各类创意文化产品的发酵、开发与实现，以及分析七王坟文创对当地新兴产业与商业的发酵、开发与实现。现在，就让我们开始"从'七王坟'看创意文化的母体效应如何发酵"这一课，以从中切身体验创意文化母体效应的强大而看得见的造血魅力。

第1课　提取与识别"七王坟"的稀有属性

既然我们已经决定要打造一个"七王坟"，那么，将它打造成品牌只会是唯一选择，因为在今天只有品牌才有资格谈及市场竞争力。理由很简单，因为能称为品牌者也就等同于一种价值的供给已被公众所认可，也可以直接理解为公众在自身的需求上能在一种品牌资产上找到自己的归属。亚里士多德说："永远都要问品牌的作用是什么——怎样让它在市场或同类产品中更好地展示出来？除非这种品牌的商品有明显的功用，否则消费者很快就会不喜欢这一品牌。"

事实上，亚里士多德用心良苦地想要告诉我们，在品牌的追求上一定要持续提升有别于或掣肘、克胜竞品的自身稀有性，即品牌核心价值。品牌核心价值是品牌资产的主体部分，它能让消费者明确、清晰地识别并记住品牌所提供的需求供应点与个性，是驱动消费者认同、喜欢乃至爱上一个品牌的主要力量。对于"七王坟"的稀有性，我们可参照它在立项前的整体价值构想来做出一个具有灵魂地位的核心价值的设定，为什么要这么做？因为未来的"七王坟"将发酵多种品牌，而每个品牌又将形成不同属性的稀有性，拥有独立向竞品市场提供需求的核心竞争力，但彼此又会相互影响、组成品牌矩阵，再与"七王坟"预先的整体价值设定形成琴瑟和鸣的统一关系。现在，就让我们通过对"七王坟"的产业愿景目标、区别于竞品价值的两个特定属性的要义来对"七王坟"的稀有性做一扼要的提取与识别。

在进行此项工作前，仍有一点需作以补充的是，稀有性的提取与识别是我们在计划、打造、实现任何一项创意项目或一件创意文化产品之前，应该是已经被画上句号的工作，因为它将决定着我们日后怎么做，是指引我们每一个努力的最终目标，或者说，它一开始便回答了我们为什么要奋斗——逐步使稀有性得以表现非凡，做到在繁芜的竞争品中能被消费者一眼相中，以及在稀有性上不断追求和丰富需求价值。不再赘言，还是让我们借助"七王坟"来了解与观摩一下如何对稀有性完成提取与识别：

一、产业愿景目标

产业愿景目标，多是作为拷问一种产业存在的社会价值而言，但若从追求于满足消费者的需求价值上来说，便可视作一种产业希望在将来最终完全实现既定稀有性的供给价值。如果继续从这一角度出发，那么我们对"七王坟"的产业愿景目标便可做出这样的定位，即在七王坟村良好的生态环境（在第3课中，将对七王坟村做出详细介绍）中，创意并建设出以我国画家为居住人群的村落即画家村，同时依托入住画家村的画家——人文及生态这两大基础支撑资源，进行不同性质的文化基地与文化产品的创意实现，最终形成包括画家村在内的以创意文化体（本章中主要指具有观赏价值的原生态画家村及实体景点）和创意文化产品为主要消费内容的产业愿景目标，即最终得以完全实现的既定稀有性的供给价值。

当然，对于产业愿景目标，还可以做出更为简明的理解与认识——它就好像一个人需要去完成的最终梦想。

二、区别于竞品价值的两个特定属性的要义

稀有性，往往是由一种竞品的特定属性所决定的，因而特定属性也是一种竞品形成自身价值、有别于同类竞品的关键属性。让我们先来看体现"七王坟"价值设定的第一个特定属性，即原生态的。何谓原生态？在这里包含三方面精选：一是所要建造的画家村的地理环境，保持与打造原生态人文居住环境；二是入住画家必须是我国本土画家；三是倡导"七王坟"

的创意文化体或画家创作的各类创意文化产品必须以国内的各类文化现象作为题材。

体现价值的第二个特定属性的要义，即创意文化产品的要义。"七王坟"所推出的创意文化产品要义即定位，主要包括两个方面：一是"七王坟"基于地区所拥有的生态、历史、民俗等各类价值资源进行创意开发，以供文化消费的所有创意文化体——实体景点；二是画家借助七王坟村所拥有的生态、历史、民俗或我国其他各类文化价值资源进行创意开发的精神产品，诸如以电子类、传统类为载体的文化产品（如动漫、单幅书画作品等），以供文化消费的所有创意产品。

三、竞品价值供给在饱和发展状态下的未来图景

在我们对竞品自身稀有性进行提取与设定的同时，应结合对支持性资源深层考量，预测竞品价值供给在未来实现饱和发展状态下可能需要的空间规模与基础建设规模。这项前瞻工作是必要的，它将解决竞品自身及对所在地域可能激发的新兴产业与商业完成饱和发酵提供不可或缺的物理环境支持。参照本章的第4课，如果以4个分战略目标中累计所发酵的新兴产业与商业所需土地面积总和为计算依据，那么在我们尽可能地给予"七王坟"自由发展的民主权利下，或许323亩的计划用地

足以让它应付一切了。

假设这片大宗土地已经开始听我们差遣，那么如何投入与使用它才能规避"大跃进式"推进可能引发的秋后算账？首先，我们得知道如何避免盲目性投入基建设施；其次，我们该考虑如何将成本、能耗等控制在谷底，使能效发挥出最佳状态。毫无疑问，"四个分战略目标"仍将是指导"七王坟"基建投入节奏的不二依据。

现在，就让我们来设想一下"七王坟"在未来实现饱和发展状态下最终可能需要的空间规模与基础建设规模。本着投入进度控制、成本控制和能效追求，在依据"四个分战略目标"的同时，可以考虑以分期投入的方式来进一步实现。若是按两期的规划来进行，我们可以对 323 亩土地上要出现的未来图景做出一个想象：

在首期基建投入量上，保守用量 50 亩。这些土地将主要用来建设产业园管理与运营综合办公区、高档商务会所、书画产品集市交易区、休闲度假酒店、画廊等。在本期基建中，综合办公区将落成两套融观赏与办公于一体的四合院。

二期基建投入量达 273 亩，显得阔绰，但同样不会出现"大跃进式"的一次性盲目投建现象，因为"四个分战略目标"将充分履行它的控制职责。从土地投入的密集用量来看，二期无疑将完成"七王坟"创意项目基建规划中的核心任务，主要集中在构建融生态与创意文化体为一体的"画家村"。而在空间布局上，我们最好考虑以画家村房室走向与格局来决定整体性布局，而这种布局也不能将游人在游览时应有的情境需要忽略掉。因而，布局中的画家村同样会以创意文化体的身份与待遇出现在宜居宜赏的生态气息中。

那么，在 273 亩土地上的未来图景应是怎样的？在画家村村落中将住有约 100 名知名或实力派画家的居民，这些居民的居所将强调以"艺术空间"为主体思路的 2.2 亩每居所的欧式风格与独家院落联体设计。而在另外的 53 亩土地上，将会悉数迎来植物园、农事体验园、风俗风情、人文历史等创意文化体。当然，我们也不会忘记在这些土地上多种一些各季的特色果树，以供游人采摘，让每个季节来"七王坟"度假与旅游的人们都能流连忘返。

第 2 课　母体效应的价值表现

在第四章中，关于文化产业的母体效应，我们通过视觉文化已做过具体的阐述。现在，让我们再来做一次简单回顾。

　　文化产业的母体效应具体表现在对经济的产业增容上。其母体效应主要指文化产品本身通过预先植入的大量商机，在随着创意文化产品出品与热销后，这些预先植入的商机在——对应的行业市场中将被投资者们敏锐地发掘与开发。文化产业母体效应的最终结果是使前期预置的商机转变为可以触摸的新兴实体产业或商业，而这些新兴实体产业或商业则与文化产品本身的衍生产品与附带产品如出一辙，也就是说，在某一文化产品的衍生产品与附带产品进行商业开发的同时，也就实现了它对所在地域的新兴产业或商业的发酵，对经济的产业进行了增容。被增容产业的性质、种类与数量将直接取决于文化产品中所植入商机的性质、种类与数量；所涉及的行业也将由文化产品中所植入的商机表象来决定。诸如旅游、矿产、饮食、服饰、民俗、历史、人文等有效的区域资源在被植入相应的创意文化产品后，经过热销推介宣传，这一系列的商业点一旦被投资者用来进行商业开发，就会形成相应产品或业务属性的行业，因而毫不夸张地说文化产业是经济实现产业增容的母体产业。有一点，读者们可能早已注意到，有个名叫《大长今》的"家伙"在第一篇"创变思维"中总是频繁地出镜，你们对它肯定是厌烦透了。那么，为什么总要拿它来示范有关文化软实

力的种种表现呢？理由很简单：很难再找出一个在母体效应上
能像它那样做得出色的"家伙"了。

由于文化产业有着独一无二的母体效应，我们很容易想象
它对当地社会所带来的难以拒绝的影响。好在，它所带来的影
响的积极层面远大于消极层面，无论是社会价值还是经济价
值。让我们回到具体案例上来，就"七王坟"的母体效应而
言，它将带来这些出色的价值贡献：

一、具有示范与推广意义的四大"生态式"社会价值

有利于促进地方文化与我国原生态文化产品的繁荣与发
展，实现地方软实力。"七王坟"创意项目从文化角度来看，
狭义上不仅有利于地方饮食、风俗风情、历史、人文等各类特
色原生态文化的提炼、整理、开发、传播，而且在广义上它凭
借强大的画家村人文资源，也必将为我国本土化的原生态文化
产业，诸如动漫、美术、非物质遗产等产业的发展与研究添砖
加瓦。与此同时，随着文化产业驶入快车道，也必将为其所在
地——七王坟村以至北京市海淀区向外界贴上一张强劲的地理
标签，最终的表现将一一反映在业已振兴的地方软实力上。

有效解决当地社会人口就业，分流就业压力，有利于当地
社会的稳定建设。近年来，世界经济危机趋于繁复状态，中国

经济虽表现喜人，但毕竟难以置身事外，比如就业问题突出便给出了答案。2008 年，各地农民工出现大量返潮现象，各地就业压力趋大，给社会造成一定的不稳定。在 2007 年底的一次"中国首届人口资源环境发展态势分析会"上，时任中国人力资源和社会保障部就业促进司司长于法鸣表示，2009 年劳动力供大于求的矛盾将进一步加剧，届时需要安排就业的人数将达2400 万人。

失业风险的增加或就业岗位的大量萎缩与缺损，是社会经济萎缩所发出的负面信号之一，这是路人皆知的事。"七王坟"犹如一股注入当地经济的活水，它将在 323 亩的土地上向需要工作的人们提供尽可能多的就业支持与帮助。因而，它不但将有效解决当地富余人力的就地就业，也为人才的引入提供了可能；不但分流了社会的就业压力，也尽其所能地为社会稳定贡献绵薄之力。同时，伴随着文化产品交易市场的建立，也将给当地民众带来新的致富与创收途径。

大规模高素质人群的引入，将会对当地人口素质起到一定的同化作用，有利于和谐农村的建设。人口素质需要培养，但人本身也是易受影响的，正所谓"近朱者赤"。100 名高素质人群的引入，必将给地方带来精神风尚与素质示范，从而加速地方精神文明建设，加速和谐农村建设。

生态型的绿色产业，将为中国可持续产业经济的建设提供更多的参考与研究价值。"七王坟"的开建，意味着一个将生态、人文、文化、创意等诸如无污染、无枯竭的资源纳入经营内容的绿色型企业正在变成现实。对当地而言，它的出炉可谓一出典范，不要认为这是在做一种夸张的修辞，因为它将以自己的方式来开启地方经济的另一扇门。一个现代型企业的存在，再没有什么能比不破坏生态让它持续加分、更富社会价值了。那么，高分值的社会价值能解决它的生计吗？摩斯汉堡公司创办人樱田慧的话点出了其中的智慧，他说："能做出对社会有所贡献的事，利润自然随之而来。"况且，它的经济创造力可能远超我们对它的想象。

二、无可取代的"母体式"经济价值

"七王坟"的主要营运内容是借助对地方文化、价值资源的创意，开发出形式各一的文化产品与文化体（形式上等同于诸如具有观赏价值的景点等），以供市场消费。而一旦某一件或某一些文化产品形成热销，那么，所在地七王坟村乃至整个海淀地区也会因此名噪一时。由此，"七王坟"文化产品中那些原用来进行艺术形象创意的素材，如生态、民俗民情暨非物质文化遗产、服饰、饮食等价值资源，将被重新进行商业定位和商业开发，而这一经济行为则是完全借助于文化资源资本化推向市场后直接引发的经济价值链。因而我们可以说，"七王坟"所主张的文化产业是一种母体产业，它将催生地方乃至北京海淀区新兴产业的兴起，以及加速地区产业结构的良性变革。

第3课　主要支持性资源的商业价值

发展文化产业，根本上有赖于内容产业的发展，或者说内容资源是发展文化产业具备可行与可能获得成功的基本保障，是不可或缺的生产资料。此外，就一件创意文化产品而言，谁掌握的内容资源更富吸引力，谁就富有了更强劲的市场竞争力。因而，我们习惯将内容产业看作是发展创意文化产业的支持性资源产业。在我们对"七王坟"做出认真考量后，结果发现，仅七王坟村所属区域海淀新区，就存有大量可操作的支持性文化资源与各种价值资源。现在，让我们来看一看其中几类主要的支持性资源，以及它们所具备的商业潜力。

一、生态价值资源

"七王坟"将坐落于北京海淀区有"生态文明村"之誉的七王坟村。官方资料表明，七王坟村位于海淀新区西北部，村域面积9300亩，而生态防护林已达7800亩，果林达1000余亩。此外，七王坟村还规划了700余亩的生态果园，已经形成成熟的观光采摘园。

七王坟村优越的生态环境为实现原生态画家村商业开发与建设提供了先决条件，同时也引导了画家对生态型画家村房产进行消费的兴趣。此外，良好的生态资源为"七王坟"生态文化游项目的商业开发提供了可能。

二、历史文化古迹价值资源

七王坟村辖于苏家坨镇，该镇地势西高东低，西面为浅山地带，东部为平原。区域内不仅旅游资源丰富，而且拥有大量的历史文化古迹，如七王坟、香水院、九王坟、大觉寺等，将成为创意文化消费产品与旅游商业开发的珍贵价值资源与内容。

三、非物质文化遗产价值资源

在海淀新区，我们发现在不同的村落都可领略到独具风格的民俗民情、传说故事，七王坟村自然也不例外。如果我们以镇的概念来看，七王坟村所属的苏家坨镇在 2006 年对该辖区的一次非物质文化遗产排查中就整理出民间花会、手工艺制作、民间传说、民间音乐等九大类 22 个项目。

丰富的非物质文化遗产同样为文化产业的商业化发展以及单项商业的开发提供了内容与机会，同时，它们也将是生态民俗游项目消费的最大看点之一。

四、人文价值资源

画家村所入住的画家们将成为"七王坟"经济运营的核心支持资源。在画家们从事自我创作的同时，"七王坟"将成立各类公司与商运模式，与画家们建立业务关系，以市场需求为导向，以动漫产品、书画作品为主要内容产业，以其他形式作品为辅助内容产业。

作为"七王坟"投建动机的核心支持资源所具备的商业价值在于——相当部分的业务关系市场及所推出的绝大部分创意文化产品，都将依托画家村画家作为主创人员或实施者。因而，人文经济将会是"七王坟"的主导经济之一。由此，我们需计划设计出适宜于人文经济运作的各种市场操作方案。

第4课　新兴产业、商业的可持续发酵何以完成

我们在对待开发文化产业项目的稀有属性以及主要支持性资源的商业价值的评估与认识，事实上是在对它的价值提供能力、市场核心竞争力进行一次十分必要的调研工作，这意味着即将被发起与投建的文化产业可行与否这一举足轻重的决策问题。此外，我们对文化产业母体效应的社会价值考量，更多的是在考虑与衡量产业在未来愿景上是否适应与符合宏观政策所主张的方向，是否能与社会形成琴瑟和谐的生产关系，因而，这项工作的重要性是可以想象的。或许，我们不得不牢记樱田慧的话："能做出对社会有所贡献的事，利润自然随之而来。"

当我们认真完成了前三课的全部调研任务与工作后，如果结论告诉我们所要进行的文化产业项目是乐观的，那么，接下来让我们来谈一谈文化产业是如何促进与改良当地的产业与商业结构的，即如何发挥它的母体效应来完成新兴产业、商业的可持续发酵。如果是"七王坟"，它将会选择怎样去完成：

一、先获得一个远期战略前瞻计划

首先，你必须发誓能做一个信念坚定，为着既定目标与理想不为诱惑、不为险阻所左右的勇敢者。而后，我们在进行"七王坟"此项事业时，才有资格谈论由它来完成自身即对所在地新兴产业、商业的发酵。有必要再做一点提醒的是，新兴产业或商业的催生并非是在空洞的柏拉图式设想下诞生结果，而是依托着主要支持资源这一现实环境。这一认识很重要，它能帮助我们更切合实际与更富成效地推进工作，从而摆脱头脑风暴中过于陶醉的无尽遐想与盲目谈兵。

在我们认为已经准备好做一位坚定的勇敢者后，接下来要做的便是对所开发的文化项目设计与制定出一套具有前瞻性的项目远期发展战略总目标，同时将总目标分解成一个个具有递进式的分战略目标。何谓递进式？在这里是指如果一个分解目标任务未能完成，那么就无法进入与执行下一个分解目标。也就是说，每个分战略目标阶段的执行营运期长短由每个分解目标事先预设的组织目标任务完成状况，及所发酵的产业的品牌、产品的成熟度来决定是否递进到下一个分战略目标阶段。这样的设计与要求的优越性在于，在历经一个个分解目标的实现，以至项目总目标完全实现的过程中，新兴产业与商业不仅停留在被发酵上，也实现了对新兴品牌的成熟培育。

在进行远期发展战略设计时，并不是无厘头的头脑风暴的完全自由化，而是由"产业链环境下创意产业商业运行的系统模式"（见第二篇第八章）为我们提供着"原理性"蓝本，这是需要注意的。

至于"七王坟"的远期发展战略总目标，将分解成四个递进式分战略目标（见图9-1）。在历经与完成所有分战略目标到最终完成总目标的过程中，对七王坟地区新兴产业、商业的可持续发酵也将得以实现最大饱和。

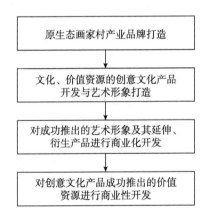

图9-1　"七王坟"商业发展总战略分目标步骤

分目标1：原生态画家村产业品牌打造阶段。

"七王坟"项目开发的亮点之一就在于原生态的画家村。因而，打造品牌画家村就等于搭建了一个中心化的经济营运平台，它将是"七王坟"的文化经济起点与发展的第一生产力。

在"分目标 1"阶段，目标任务着重于原生态画家村建设，如各类生态景观、民俗景观、历史人文景观等创意建设，各类相关产业、配套设施等项目的建设等。在着重营销与打造以画家村品牌为第一要务的同时要致力于各类价值资源的两种产品不同层次开发，一是创意文化产品开发，二是旅游产品开发，以活跃这一阶段需要完成的旅游市场建设，使旅游产业成为带动"七王坟"向真正的文化消费园区迈进的第一支生力军。

分目标 2：文化、价值资源的创意文化产品开发与艺术形象打造阶段。

在画家村品牌被成功推出后，也就预示着"分目标 1"的目标任务业已完成，"七王坟"的发展战略随即递进到第二个阶段，即"文化、价值资源的创意文化产品开发与艺术形象打造阶段"。在这一阶段，创意者们应始终紧扣画家村产生的强大品牌影响力，将组织目标工作重心与精力转移到各类价值资源的深层创意与文化产品开发上去，着力创意开发出人们喜闻乐见、特立独行、具有明显区域文化色彩的艺术形象中来，以使价值资源在实现资本化后能够顺利走上市场，实现资金置换。

分目标3：对成功推出的艺术形象及其延伸、衍生产品进行商业化开发阶段。

所谓艺术形象就是指可以深入人心，令受众追捧的一种被典型化的具体象征物。象征物可以具象成一个人，如阿诗玛；一个物，如《大长今》中的主题公园；等等。只要创意文化产品中所塑造的艺术形象一朝被广泛传播与流传，那么这一艺术形象就会凝结成一定的商业价值。同样，在《大长今》中除了主题公园被实体建造用于发展旅游，剧中的泡菜也被用来进行了商业开发。也就是说，当被成功推出的艺术形象或是文化产品中的某些物象因文化产品本身传播而引发社会追捧与热衷现象时，便是"七王坟"进入第三个分战略目标阶段的最佳准入期，也是展开商业性开发与上、下游产业开发的首选时间。

例如，湖南三辰卡通公司制作推出的动画产品——《蓝猫淘气3000问》，其取得惊人收益的背后正是得益于成功构建与形成了"艺术形象（蓝猫）—生产供应—整合营销"的产业链。到2005年，节目制造占全国总量的53％。截至2006年底，总共出口到了16个国家和地区。由此，湖南省有了趁热打铁的想法，决心通过卡通动漫业打造文化产业大省。这一

"湖南现象"，在一定程度上为"七王坟"的战略设计提供了经验依据与事实支撑。

分目标4：对创意文化产品成功推出的价值资源进行商业性开发阶段。

当经过第三个分战略目标后，会出现两大令人鼓舞的现象：一是在艺术形象的牵引下，海淀区至少七王坟村将会顺理成章地成为闻名遐迩的知名之地，而艺术形象也将成为七王坟村乃至海淀区的又一张地域名片；二是地域在被受众关注与热衷的同时，作为创意文化产品的原材料即支持资源的当地价值资源，在随同创意文化产品传播的同时也会变得炽热起来。因而，价值资源在经过第一轮以文化产业（被植入在创意文化产品中）开发而赢得市场需求后，将迎来新一轮的纯商业化开发，而这一轮也是"七王坟"正式步入战略的收官阶段——第四阶段。

二、再获得一个或多个有效、可行的日常商业运营模式

当顶层设计（远期战略）定调后，接下来我们需要创新一个能保证实现战略的预定而稳定推进的药方。如何来保证？像本章中所提到的那样，我们所需要的依然不会是急于求成的激进模式，相反，那些可行、切合生产活动实际，且能促进生产

与产业行稳致远，实现可持续发展与扩张的商业模式及其运营系统，则会更受青睐。就好像我们可以薄利多销，但绝不容忍无生意可做或门可罗雀的惨淡营生，因为在经商中还有什么比稳定的资金流更令人奢求与兴奋的呢？只有具有稳定的资金流，企业才可能有资格说我行、我要做什么、我要实现什么；只有具有稳定的资金流，生产活动才不会中断，有着稳定生产活动的企业也才可能迎来繁荣的扩大再生产。当看到不断繁荣的扩大再生产，我们有理由相信，这个企业没有什么不可以做到与实现的，因为再没有比这更能让我们坚定——它不断传递的繁荣信号令人羡慕与嫉妒，它的愿景已是那样的触手可及。

由此，我们必须为"七王坟"一样的同类们找到与创新一个能让它们维持稳定生产与不断激发产量的常态式、可持续式、扩张式的日常商运模式，才能为顶层设计的实现提供最基本的前提与不可或缺的保障，也才能在发展中按部就班地完成新兴产业、商业的最大饱和发酵。

在可行的日常商业运营模式的设计上，我们同样得像顶层设计那样严谨地布局，同样得依托主要支持资源这一现实环境来务实地进行。如果是"七王坟"，哪些商业运营模式对它来说是可靠的？

1. 画家村品牌化商业运营模式

画家村相当于主导"七王坟"经济的营运平台。因而，只有致力画家村品牌化，才可能真正形成市场与商业性的影响力，才可能达到画家村商业化运营的战略设想。

如何使画家村具有真正意义上的商业价值？归根结底，还是要先使其品牌化，之后才可能带来丰厚的经济效益。我们的做法并不复杂，开发画家村中那些知名与实力派画家——这一难得的人文资源，积极去推进融品牌建设与收益高度结合的商业模式。现在，让我们花点时间来粗略领会一下这种商业模式的运营精神，以及向消费者提供的主要价值内容：

以人文资源提供的方式，主要与知名电视媒体、纸质媒体、新媒体等媒体的相关艺术或生活等栏目建立共赢的战略合作伙伴关系。这一关系宛如打制了一把"双刃剑"，不仅画家村可以借助强媒轻松实现"成名"，而且"七王坟"也可从中实现经济创收。

此外，画家村品牌化运营模式的另一层商业价值则表现为，它将对"七王坟"的所有商业活动带来不可估量的"名人效应"，从而加速"七王坟"品牌形成与日俱增的隐形市值。

2."基地"商业运营模式

在第2课中，我们细说了人文资源、非物质文化遗产资源、历史文化古迹资源、生态资源"七王坟"的四大主要支持性资源。这些天然或高端资源的存在，为我们的"基地"商运模式提供了可能。

如果我们试图与美术协会或艺术院校达成战略伙伴，那么"七王坟"便是理想的采风与创作基地；如果在支持性资源基础上，再加上"七王坟"的创意文化体（景观点或园圃），那么"七王坟"便是较为励志的青少年成长教育基地。总之，在我们积极谋求与教育界、美术界等相关需求方以及业内展开广泛合作后，这一模式将对"七王坟"的生态民俗游市场发挥极富成效的刺激效应。

3. 人文经济商业运营模式

那些安居于画家村的画家们，事实上是"七王坟"额外赢得却又是有意谋取的核心支持资源，这一核心资源不仅会在发展人文经济上表现不俗，并且完全影响着"七王坟"文化产业的存在质量与未来命运。这不是在开玩笑，因为他们是产品的主创人员与执行人员，或者更为直白地说，他们才是我们真正服务的幕后对象。因而，人文经济的成熟度毫不夸张地直接影响着其他相关产业的运营成效。那么，在市场支配下的人文经济商业运营是怎样的？让我们来看图9－2。

它又将如何工作？从图9－2可以看出，首先由市场发出某种产品的需求信号；其次由经纪公司梳理信号后向各主创者（画家）发出准确的创作指令；创作完成后再由经纪公司按订单进行批量生产，最终交付市场（客户）。与此同时，经纪公司负责对市场需求的各类产品定期做出供求数据分析，并根据数据分析结果对热销产品决定执行由主创人员（画家）参与的延伸或衍生产品的创作、制作与生产，以充分实现产品价值最大化。

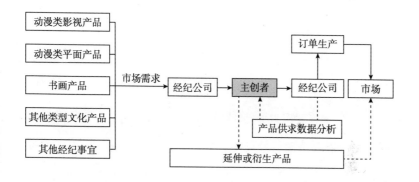

图 9 – 2　市场支配下的人文经济商业运营模式

在这一模式中，人文资源作为"七王坟"核心资本是如何做到完全市场化的？这里提供的操作经验是一种尤为值得借鉴与思考的：其一，拥有唯一被授权、全面掌管人文经济发展的当家机构——独立的自有或第三方经纪公司；其二，业务内容不仅完全以市场需求为导向提供各类创意文化产品、热销产品的延伸或衍生产品，而且涵盖"其他经纪事宜"，如那些有利可图、被视作公关输出业务的画家们的社交活动等，都将无一例外地由经纪公司以经纪人的身份进行全面的商业打理与市场化操作。

4. 会展经济商业运营模式

细心的受众会发现，如果"七王坟"依据"画家村"这一优势品牌资源，同时拓展与美术协会等社会组织的互惠合作关系，便会很容易实现一系列的活动，例如，定期或不定期在画家村举办国内外画作研讨会、文化论坛、动漫产业论坛、书画论坛、动漫作品展、书画作品展、非物质文化遗产研究等格调不一的会展。由此，一种"以文化为主导，切磋交流为目的"的会展经济商运模式便具备了可能。这一模式在力求发展会展特色经济的同时，也将刺激与发展"七王坟"的服务业、旅游业等各类配套产业经济。

5. 生态民俗游商业运营模式

"七王坟"坐拥着那些独特的支持资源，似乎是专为生态民俗游产业的未来繁荣预设的伏笔。在分析支持资源后可见，民俗游产品主要由景点游、民俗民情舞台、旅游产品街市和地方风味美食街等几大部分构成。景点、民俗民情、旅游产品、饮食等产品内容都将被赋予浓郁的本土特色，且充分完成生态、非物质文化遗产等可观赏性支持资源的创意文化体（实景实物）、可餐可观可购的文化消费品等产品的开发与实现。

至于生态民俗游产业将如何管理，我们给出的方案是成立财权上行使独立核算的管理组织——如七王坟生态民俗游公司。此外，我们还将积极驱动"七王坟"旅游文化产业与"海淀新区民俗游"这一已经形成的地区支柱产业开展行业对接、资源共享和市场分销。当然，我们还会将业务分销给诸如旅游公司等运营商，以迅速、最大化地谋求"七王坟"旅游产业的市场份额和知名度。

6. 卖场经济商业运营模式

如果仅就"七王坟"而言，这里所称的卖场经济，是指根据"七王坟"日益形成的交易需求而建立的文化品类商业卖场、地方价值资源原材料供给市场。商业卖场将设置书画专卖、笔墨纸砚专卖、非物质文化遗产创意品专卖、文化产品专卖、淘宝专区等，以及其他诸如相关行业、业务关联行业的专卖区；地方价值资源原材料供给市场，则在"七王坟"步入"价值资源进行商业性开发"这一分战略目标阶段后，向有需求的生产商供给以各类价值资源为生产原材料的交易场所。

7. 基金商业运营模式

在第一篇中，对于我国文化产业发展瓶颈核心问题之一——资金的不看好，已做过翔实的论述。当我们具体到某一项文化产业上时，自然也面临着同样的焦虑。那么，除了向第三方金融融资平台取得融资途径外，我们是否可以考虑将融资问题同产业的日常运营进行和谐结合，以效力文化产业呢？于是，我们找到了这样一种运营模式——基金商运模式。

在这一模式提出后，我们首先对"七王坟"做出了分析，发现有两种基金的建立存在可行——创意文化基金和非物质文化基金。其次，我们决定在这一模式中分别设立专业的研究机构，并配套成立相应的经营公司，进行对外业务合作的管理。那么，这一模式又是如何做到既对资金实现筹措又对文化产业效力的呢？

创意文化基金主要是以社会资金为主要来源，由经营公司向外筹资建立基金，基金用于专业研究机构对创意文化项目的立项研究，待创意文化产品推出后，基金注资单位将按其出资额度多少取得相应产品的竞购权限；而非物质文化基金的资金来源可以是社会资金，也可以是政府注资，由专业研究机构对具有一定商业价值的非物质文化遗产进行研发。当某项研究成果推出后，基金注资单位将按其出资额度多少取得相应成果的竞购权限。

因而，基金商业运营模式不但为"七王坟"文化产业的后续发展筹得可观资金，同时也对文化产品实现了有效创新与繁荣。

本课到此，已基本完成了对"新兴产业、商业的可持续发酵何以完成"的讲解，虽具体解决的是"七王坟"案例，却也是任何一项文化产业项目要完成本课题的通解。综观本课，战略即顶层设计的确定是解决一项文化项目的总目标与总方向，日常运营模式则是解决日常生产与扩大再生产问题。当我们兴奋地看到"生产—扩大再生产—生产—扩大再生产"的不断更替时，事实上正是分战略目标不断实现与递进的过程，而这种发展的运动过程的保障，也正是新兴产业、商业的 IP 可持续发酵得以完成的保障。

第5课　从资金流微观创意产品及市场的实现

在上一课中，我们从顶层设计与日常商运模式两个主要层面翔实讲述了新兴产业、商业的可持续发酵如何实现的问题。那么在这一课中，将讨论与审视一项文化产业项目所发挥的母体效应到底有多强，到底能对所在地供给多少新兴产业、商业，或者说到底能产生多少具体的终端新产品或业务市场，我们能否给出一份清单？

为了使讲解更为直观，让我们还是从"七王坟"开始。首先让我们来看一张"七王坟"的资金流向表，这份资金流向表按照每个分战略目标阶段所形成的市场与商运需求，对"七王坟"资金的主要投入方向与回笼方向（资金回笼的主要途径）做出了考量分析。至于资金的投入，主要由"七王坟"投资方自有资金、政府支持性资金和社会筹融资三方资金组成，其中以投资方自有资金为主要投入资金来源（见表 9 - 1）。

从表 9 - 1 中可以看出，资金的不断投入折射出这样几种信号：其一，证实了扩大再生产的持续进行；其二，分战略目标正不断地实现与递进；其三，新兴产业、商业正伴随着分战略目标的实现与递进过程持续发酵，反映为新的终端产品和业务市场。那么，新的终端产品和业务市场是否也可在表 9 - 1 中得到答案呢？是的，答案就藏在"资金回笼主要途径"中。

在"资金回笼主要途径"中，我们可以看到 18 项运营收入清单。在这些收入清单中，有的是很具体的单项产品或业务市场，有的是作了定性的产品或业务市场。总之，这些收入清单向我们清楚地表明了一项文化产业项目——其母体效应到底有多强，就对所在地新兴产业或商业的发酵能力有多强。

表9-1 "七王坟"资金流向与回笼

战略阶段	分战略目标	资金主要投入方向	资金回笼主要途径
分战略目标1	原生态画家村产业品牌打造	1. 用地 2. 画家村房地产项目 3. 配套设施大型基建（综合办公区、度假酒店及相应娱乐项目等其他） 4. 生态民俗游开发项目（创意景点与园圃、民俗民情舞台、旅游产品街市和地方风味美食街） 5. 文化、价值资源的创意文化产品开发	1. 画家村房产收入 2. 园区物业收入 3. 酒店产业化运营总体收入 4. 媒体合作收入 5. 人文经济收入 6. 会展经济收入 7. "基地"经济收入 8. 文化产品经营与出版收入 9. 旅游产业收入 10. 研究性无偿基金收入
分战略目标2	文化、价值资源的创意文化产品开发与艺术形象打造	1. 高级商业性会馆项目 2. 创意文化基金研究机构筹备组 3. 非物质文化基金研究机构筹备组	11. 创意文化与非物质文化遗产研究产品专利出售与生产权收入 12. 艺术形象产业化运营总体收入
分战略目标3	对成功推出的艺术形象及其延伸、衍生产品进行商业化开发	1. 艺术形象商业开发项目 2. 创意文化产品中出现的商业价值资源开发 3. 上、下游产业开发项目 4. 大卖场项目	13. 创意文化产品中出现的商业价值资源产业化运营总体收入 14. 地方价值资源产业化开发运营总体收入
分战略目标4	对创意文化产品成功推出的价值资源进行商业性开发	1. 地方价值资源开发项目 2. 地方价值资源原材料供给市场项目 3. 上、下游产业开发项目	15. 地方价值资源原材料供给市场收入 16. 其他上、下游产业总体运营收入 17. 大卖场经营收入 18. 产业园各类产品品牌资产收入

在本章的最后，或许做个这样的阐述是十分有益的。诸如"七王坟"这样的创意文化产业项目，是紧随时下国家倡导的节能减排和发展文化软实力两大政策为指引，致力开创环保型、生态型为发展思路的绿色现代企业。它不但可以使具备着强大母体效应的文化产业积极驱动地方经济与产业的全方位发展，而且也在生态维护与经济建设之间的关系处理上，找到了一条消解紧张的可行思路。

第十章
红色文化何以借助一次文学赛事将
市场引导做到极致

　　在第一篇第六章中，我们提到这样一种观点——视觉文化不仅是一种产业，更是一种消费意识再生产工具。它一方面是遵循商业逻辑进行工业生产；另一方面又是操纵大众意识的工具，即"三驾马车"中的市场引导。

　　这一观点，就如同20世纪30年代的海德格尔所预示的那样："世界图像时代……世界图像并非意指一幅关于世界的图像，而是指世界被把握为图像了。"它充分充当"把关人"的角色，通过创造"模拟环境"，诱导人们接受它们宣扬的消费意识，从而推动新的消费观念和消费方式，形成蔚然成风的消费文化。

　　事实上，又何以只限视觉文化呢，只是它太善于表现罢了。可以说，在现代消费的过程中，具有母体效应的文化产业充当了左右人们消费意识的孕育者和助产士的角色。理由在于，具备传媒特性的文化产品在积极逢迎、靠拢或争取广大受众的同时，已潜移默化地传播了消费方向、建构了品牌消费意识，从而影响、诱导和操纵了消费者，以至于改变他们的消费观念和消费时尚。所以我们说，采用一种通过创意文化产品来进行市场引导的引导手法相对于普通的营销手法，在消费市场实现的功效上可见一斑。而这种市场引导手法极富营销学价值的地方正在于它具备特殊的媒体传播特性催生、引导，甚至改变了人们的消费意识。

在"三驾马车"中的产业孕育、市场引导和产品消费三者关系上，市场引导起着承上启下的中心位置。如何理解这一位置？若从行为上来说，产业孕育是企业内部供给价值能力的建设行为，产品消费是企业外部市场的完成行为，而两者之所以能够让行为有理由发生或继续下去，都得依赖市场引导，因为在主导企业命运的两个关键因素——产品和市场中，市场引导归根结底是在试图建立事实上的产品受众市场，或者更为直白地说，它的行为结果将决定企业的存亡。

在上一章中，我们已对文化产业的母体效应——产业孕育能力进行了完整的讲解。那么本篇章，就让我们通过实例的演绎来认识一下它在市场引导上的表现，是否能像西伯利亚鳇鱼酿制的鱼子酱一样让人期待呢？

第1课　如果红色文化这次真的准备好了

2015 年 9 月 3 日——这一天不再被中国视作普通的一天，它被法定为"中国抗日战争暨反法西斯战争胜利纪念日"，并在当日进行了首次史无前例的高调纪念活动，其中最令人印象深刻和全球侧目的当属那场充满人类正义的"胜利日阅兵"。当然，不怀好意的日本安倍政府右翼的噪声也总是免不了的。

或许已有受众在想，若不是错觉的话，莫非是要开讲这些无聊的政治口水战？当然不是，这也当然是个错觉。我们真正想要表达的是，"纪念日"释放了一个尤为明朗的信号：红色文化这次是真的准备好了。那么，我们准备好了吗？

在这一讲中，让我们先来聊一聊红色文化的产业实现对当地社会与经济的具体价值表现。当然，红色文化作为独富历史的高观赏性内容资源，在获得产业开发可行认定后，也势必将不无例外地成为带动经济发展、驱动当地新兴产业发酵、促使当地产业结构加速改良的一股活水。因而，如果红色文化一旦被放在了正确位置，那么：

一、将提升对红色文化产业消费的刺激，加速文化价值与经济置换的能力

近年来，红色文化产业特别是红色旅游市场可谓一匹"黑马"。2014 年底，中共中央办公厅、国务院办公厅发布了关于《2004—2010 年全国红色旅游发展规划纲要》文件，文件提出"发展红色旅游实现六大目标之一——重点打造 100 个左右的红色旅游经典景区"。事实上，2015 年的全国红色旅游经典景区数早已将这一目标变成了历史。在本章第 3 课中，我们的案例主角——山西武乡县红色文化就在这 100 多个经典景区之中。

一个区域的红色文化产业如何在全国业内赢得更多的市场份额，加速文化价值与经济的置换能力？关键点在于该区域的红色文化资源内容所具备的质量，为什么？其一，高质量的内容具备不断丰富红色文化品牌在核心竞争力上的内容填充与解释。其二，品牌的维护问题事实上在于解决如何发展的问题，高质量的内容为解决品牌在核心竞争力上的跟进与更新提供了可能，而这种可能相当于进入与实现品牌的新一轮树立的过程。总之，在拥有高质量的红色文化资源内容的基础上，创作与丰富高质量的红色文化旅游产品才是实现品牌化和赢取市场

份额的前提条件。因而，只有在这一前提下，我们才有必要去启动品牌建设理论体系中的一项重要工作——采用相应的媒体或商业性活动等营销渠道，在既定的目标市场进行营销，即实现市场引导。

由此，我们必须要注意红色文化资源一旦作为资本走向市场品牌化后，将不无例外地经历在核心竞争力内容上的不断丰富、市场跟进与更新。营销手法、营销渠道的正确选择将是品牌实现这一持续性需求不可或缺的成功保证，它们能迅速在目标市场上实现信息的准确传播和高能效的市场引导，刺激受众对红色文化的消费需求心理，从而加速其与经济的置换能力，实现持续提升其以红色文化旅游为主导的红色文化产业的市场份额。

二、红色文化的产业开发，有助于区域产业发展的全面加速与新生产业的兴起

1. 以红色文化为主要支持资源经营文化地理标签，推进区域整体价值资源市场资本化，激活区域商业经济

如果我们的市场引导富有成效，其直接结果是消费市场的形成，而消费市场的形成与发展，则等同于包含着红色文化旅游在内的红色文化产业市场占有率的形成与提高。市场占有率

持续提高是令人兴奋的，因为这样的结果一方面让我们看到在地方经济、财政收入上实现了新的开源，另一方面也更让我们确信——它已成功经营了一张永久价值的文化地理标签，而这种文化地理标签如同一个区域赢得了名人身份。或许，我们必须得承认身份的效应附有着令人无法拒绝的魔力，它将使区域的招商引资变得异常轻松，这便为文化产业化进程创造了决定性条件。对于政府，一定得积极地推进文化资源资本化进程，因为只有认真做好这一点，才有可能最快速地实现文化与经济置换最大化。

目前，地域经济凭借着文化地理标签争得一席之地者俨然如雨后春笋。譬如，新昌县借助着影视产品使其从浙江东部一夜成名，而聪明的新昌在发现自己被妇孺皆知后，便马不停蹄地将包括文化资源在内的一切可以拿得出的价值资源一并进行了资本优化并推向了市场，曾经沉寂的一隅就这样开启了它繁荣而富庶的新的历史——新昌的文化被唤醒了，新昌的商业也呈现出勃勃生机，一切都显得那么理所当然。

2. 繁荣红色文化产业将全面加速与推进区域产业变革和新生产业的兴起

在第九章中，我们详解了文化产业的母体效应，正因它拥有着对新兴产业或商业极其强大的催生与发酵能力，业内对它有了这样一种共识——母体产业。在母体论上，最具佐证力的代表就算《大长今》了。

但我们必须清醒地认识这一点，《大长今》之所以引发了这一系列利好的经济行为，根本上都要归结于文化资源资本化并推向市场后，才加速赢得了置换经济的能力和成果。

因而，我们很容易便可以想象到，红色文化资源若正是被资本化的主角，其结果也会如同《大长今》一样，从一种最初的简单文化产品消费行为派生出生产、开发、传播平台销售等经济行为，以至所衍生的上游、下游附属产品及孕育的各种商机将孵化出众多的新生产业。而这些新生产业，它们将在区域产业结构的重组与变革中产生深远影响。

第2课　为什么合作伙伴不能缺少这些能力

如果已经准备好要为自己的红色文化产业做一些必要的市场引导，你该如何来确定由谁来执行这一计划呢？或是说你选定的合作伙伴应该具备哪些标准呢？

或许，有些受众或认为何不与一些媒体合作呢，但我们应该认识到的是，媒体只是一种平台资源而已，假如我们与媒体广为建立合作，可能更多要考虑的却是高额的成本。如此，又何不寻找那些本身的一举一动就被媒体关注、有话语权的合作伙伴呢？至少，我们无须为那些高额的成本单独开销了。那么，让我们来描绘一下这样的合作伙伴至少应具备的能力：

一、无可挑剔的领域竞争核心力和广泛的知名度、认可度

对这一能力的诉求：其一，合作伙伴能够保证营销手法的质量；其二，合作伙伴的影响力将为其在执行市场引导中的各种行为做信用背书，而这些信用背书等同于对市场引导中的红色文化进行了信用背书。

让我们先翻阅一下接下来的第 3 课，文学赛事的主办方是中国作家协会，即为我们所相中的合作伙伴——负责市场引导的执行方。那么，它是否具备这种能力的诉求呢？

首先，中国作家协会是一个由作家组成的独立的、中央一级的全国专业性人民团体。其官网 2009 年公布的数据显示，团体会员数 44 个，个人会员人数达 9301 人（此数据至今未再更新），荟萃了中国文学界的人才精华。这些数据告诉我们，它有着无比出色与难以堪比的领域竞争核心力，可以说在采用一种通过创意创作文化产品来进行市场引导的手法上，为引导

手法的质量做下了最坚实的注解。

其次，中国作家协会是一个国家正部级单位。其不仅拥有着全国 44 个团体会员（各省作协单位及各界作协单位），还拥有着 10 个专门委员会、4 个最高荣誉文学大奖、12 家报刊网站等下属机构。由此，我们还有什么理由怀疑它的影响力呢？还有什么理由拒绝它来为你的红色文化事业进行信用背书呢？

二、需具备丰富的主流媒介资源，可以理解为本身拥有或能够轻易获取主流媒介资源

对这一能力的诉求：其一，主流媒介的公信力决定着对所传播对象的信用进行了一次事实上的背书与保证，从而会加速对所传播对象的品牌及市场地位的树立与巩固；其二，主流媒介受众市场大、覆盖面广，无须在其他非主流媒介进行二次投放，节省因此形成的巨大的重复性投资成本预算。

依据这一能力的诉求，我们再来比照一下我们的合作伙伴——中国作家协会。首先，在中国作家协会拥有着 12 家之众的传统媒体和新媒体，如《文艺报》、《人民文学》、作家出版社、《诗刊》、《民族文学》、《中国作家》、《小说选刊》、《作家文摘》、《中国校园文学》、《环球企业家》、《长篇小说选刊》、中国作家网等，可谓皆为管窥中国文艺界各类文艺形态

的领军刊物、意见领袖和思潮代表。其次，我们在上文刚刚提到，它的身份并不只是一个简单的人民团体，还是一个国家正部级单位。因而，由于它本身在中国文艺界所具备的最高权威与话语权，使它的一举一动很容易便成为国内甚至国外主流媒体上的声音，或是被解读的一个新闻桥段。

面对这样一个出入在媒体焦点之下，手握着庞大媒体矩阵，以及拥有着足够让人唏嘘、羡慕的文艺创作力量的合作伙伴，你唯一需要表明的应该是感到幸运。如果由它来操持我们的红色文化作品创作，并通过对作品进行传播的手法来实现对红色文化的市场引导，这会意味着什么？我想，没有人会拒绝。

三、具备丰富的名人资源与公关资源

对这一能力的诉求：其一，对于受众而言，名人的作为就是一种信用背书，强大的号召力很容易对市场引导中的红色文化迅速建立准受众（消费）市场；其二，名人在参与市场引导的行为后，可以拉动红色文化产业与市场的同步拓展。

关于这一诉求，我们还是拿中国作家协会来做以比照。从一、二两点的讲述中，涵盖中国文艺界名人、大佬，因而对于名人资源就不作细述。那么，为什么说名人可以拉动红色文化

产业与市场的同步拓展？

对于市场的拓展，在此也不作深入探讨，因为市场引导行为的结果正是建立与拓展市场，而我们这一章所讲述的主题也正是市场引导，所以，我们将它留给第3课。因而，我们必须认识一下名人是怎样拉动文化产业拓展的？

其实，这一问题并不复杂。譬如，这些文艺名人与大佬们不是被动地在那场文学赛事中充当花瓶，而是积极的参与者，他们操持了市场引导中红色文化的作品创作并对它们进行传播，并出色地完成了各项"红色主题"活动。那么，他们这一切的作为，甚至是他们本人，无疑都成了该红色产业不可分割的一部分或是额外的产品补充。换言之，就是拓展了红色文化的产业。

在公关资源的诉求上，我们更可以理解为在市场引导中的红色文化更希望借助合作伙伴的影响力与资源来培育潜在的公关网络，以为日后的消费市场建立打下基石。这一诉求对于中国作家协会而言，易如反掌。原因在于，不管是它属下的44家团体会员（包括各省及各界作协单位），还是数以万计的个人会员，一个共同的特点便是这些会员最终都是深植在你可以想象的所有行业，即便政府部门也不例外。试想一下，如果你找到了这样的合作伙伴，他们就像是你派出的公关人员，他们所在据点有多远，你未来的消费市场半径就可能有多大，别以为这是柏拉图的构想，这确实是一件可以完成的事，只要接下来被我们拿来分享的这场文学赛事足够智慧。

第 3 课　创意文化产品营销手法是如何将市场引导做到极致的

在开始本课前，为了对所讲述的主题做到明确，我们有必要再次阐述一下本章的背景，并对本章的特定名词做概念上的了解与认识。

在本章的开篇，我们曾提到在现代消费的过程中，具有母体效应的文化产业充当了左右人们消费意识的孕育者和助产士的角色。而文化产业的这一市场引导角色，最终将归结于各种形式或状态下的终端文化产品来落地执行并完成。在我们认识这一背景后，本章所提出的"创意文化产品营销手法"这一特定概念也就不难理解了，即在市场引导的进行过程中，以所要营销的价值资源（本章仅指红色文化及相关资源）作为原始题材，通过创意创作的各种形式或状态下的终端文化产品来进行传播、营销，以达到实现市场引导的一种营销手法。

现在，就让我们来完整观摩一下这种营销手法是如何在实战中发挥它的强大能效，在一次文学赛事中将市场引导做到极致的。

一、赛事与征募赞助商动机

假设中国作家协会在中华人民共和国成立 72 周年这一盛世华诞到来的时刻，想搞一次以弘扬红色文化为主题的全国性纪实文学征文活动。不过，在有了这一计划后，又考虑到如果只是简单地发一个征文信息，收一些来稿，可能并不能达到预想的弘扬成效与影响。于是，其作为主办方又筹划着向社会征募一家具有代表性的红色老区作为协办方（赞助商）参与到这项文学赛事中来，同时，额外希望被选入者最好能提供部分大赛的活动资金，以便尽可能让这场赛事能在推动国内红色文化产业的发展上有所作为；而其计划将以协办方的红色文化作为此次活动重点研讨与传播的对象，并具体表现到征文题材范围、各项配套的主题文创研讨会或论坛的内容采纳、各媒介平台的传播内容等皆可能在本赛事被使用的资源上。由主办方组成的大赛组委会还将通过丰富的内外渠道资源以商业的视角，来对协办方红色文化做出全方位营销，在充分展示与实现其红色魅力和提升其红色文化消费市场份额与品牌核心竞争力的基础上，完成对协办方红色文化产业的市场引导。同时，也达到主办方开展本赛事的"弘扬"意愿——倡导抗战老区提升红色文化软实力，力图引入一条经济的绿色发展之路。

面对着背景、资源和营销渠道如此优越的活动主办方，这是所有想以发展文化产业来打破地方经济瓶颈并实现繁荣的红色老区所梦寐以求的。我们假定被征募者已经有了人选，主办方再经过对所有应募者展开综合评估与考量后，素有"抗战之都"称号的红色老区山西省武乡县成了最终的幸运儿。

二、被征募者与参与动机

在我们已经迫不及待地要体味这场通过创意文化产品的营销手法来完成市场引导的极致实战表现前，对本次活动中所要营销的主体（红色老区武乡县）与客体（武乡红色文化）加以认识是十分必要的，因为它们势必将指引并决定着我们在整场赛事的过程中如何走好每一步。

武乡县为什么被誉为"抗战之都"？在中国抗日战争时期，它曾是八路军总部的驻地，是朱德、彭德怀、刘伯承、邓小平等老一辈无产阶级革命家长期生活与战斗过的地方。1938 年 2月，朱德总司令率总部挺进太行山，转战于山西省武乡县的义门、寨上、砖壁、王家峪等地，直接指挥整个华北抗日游击战争，因而从战略位置的重要性上来说，武乡成了敌后抗日根据地的心脏。据史料，当时仅13.5万人口的武乡县，就有9万人参加了抗日自卫队和抗日群众团体，并有3000多人加入了八路军。因而，武乡县被誉为"抗战之都"。

武乡县经济发展路径一向闭塞与乏力，但令人兴奋的是，如今我们对资源的诠释显然已有着颠覆性的理解与认识，丰富的红色文化开始让武乡县在这个时代变得富有起来。于是，武乡县在经济文化突围的新型战略思维上有了自己的思考，有了更多的想象。

因而，武乡县的决策者们在谋求参与到本活动中来，如果把这一动机归结于对它的思考或是想象，逻辑上不但妥帖了，而且也很容易看出和相信决策者们已经行动，他们正试图将自己的经济引上一条绿色发展之路。然而，一切的成败皆在于能否完成"红色抗战之都"这一经久的文化地理标签与品牌的建设。事实上，这正是为什么它的身影要出现在这场文学赛事中，因为这项建设工作已经展开，并且需要这样进行。

三、何以实现一次极致的市场引导

我们在本章提出了"创意文化产品营销手法"的概念，这在营销的知识体系中显然是有点奇端异说之味，但事实上都是奔着一个目标——为了更为出色地对所营销的客体在本赛事中实现并完成预想的市场引导。

1. 一杯难以成事的白开水与饥饿需求

事实上，我们并没有权力对一种营销手法所带来的市场引导功效进行主观上的是非决断。由此，虽然我们对"创意文化产品营销手法"在本赛事中的表现给予了肯定，但似乎总脱不掉自圆其说之嫌。受众会发出这样的一个好奇的想象与疑问——那么，一般性普通营销手法是怎样的呢？因而我们首先得花费一些时间来完整还原一下普通营销手法在本赛事中的表现过程，虽然未免显得有些烦琐，但这将有助于受众对两种手法的效能做出客观评判，并从中得到自己想要的结论。

一般性普通营销在本赛事中对客体完成市场引导的手法主要包括两种：一是新闻性消息发布营销；二是新闻软文营销。当然，也可以通过举办一些活动来开展营销，比如红色文化的主题座谈、图片展，或是旧地观览等。我们需要提醒的是，在这里所展现给受众的一般性普通营销，是基于上述的两种主要实现手法。

此外，为了使受众更能清楚地理解下文所提交的手法在实操上的文本记录，我们还希望对这两点做以交代：一是由于两种手法的内容属性完全不同，因而会出现不同的媒体采购方案；二是所有发布媒体在进行两种手法的内容发布时须同时配发报（刊）花，诸如"武乡——红色抗战之都独家播报""2022年颁奖盛典——红色抗战之都武乡与您春天之约"等报（刊）花。

以下我们所看到的，就是一般性普通营销手法在本赛事中用以实操的文本记录：

1. 赛事期间实现的营销行为

赛期营销策略与计划设定为两个阶段，即赛事启动阶段营销计划、大赛终审阶段营销计划。

（1）赛事启动阶段实现的营销行为。

①"软新闻"发布。大赛组委会办公室在征文活动开始前10天，制定新闻消息，交由大赛外联部门同所计划采购的媒体洽谈、发布。

②征文信息发布。赛事在决定开始之日起前一周，由大赛组委会办公室制定征文信息，并由外联部门按新闻消息中所指定的媒体之上，发布征文信息。

③征文正式启动仪式发布。在征文时间正式确定后，征文开启日举办征文开启仪式。大赛组委会办公室工作人员对仪式

活动进行图文制作拍照，并由外联部及时在所采购的计划媒体上进行"软新闻"传播。

④官方名义定向发布。由中国作家协会以官方名义向属下44个团体会员下文传达征文活动，要求各团体会员参与赛事，同时要求它们向各友情、业务关系单位广泛宣传。

（2）赛事终审阶段实现的营销行为。赛事终审结束，确定获奖名单后。组委会办公室将起草大赛成功举办新闻消息，并在"启动阶段软新闻发布"的媒体上再次发布，同时在大赛支持媒体上刊登获奖名单及颁奖信息发布。

组织赛事的落幕仪式，并多角度制作新闻对外进行营销：

各领导人与评委（知名作家）对赛事的心得与感慨；对某些作品的讨论；预谈颁奖的盛况。

至于出席落幕仪式人员，应考虑是否对本赛事起到信用背书的作用，如中国作家协会主席、中国纪实研究会会长、出版社领导、组委会主任、评委会总顾问、评委会主任及评委（知名作家）、联办或协办单位领导。

2. 赛事中不同营销行为寻求支持的主流媒体采购方案

（1）关于赛事启动的新闻消息、颁奖暨闭幕仪式上的新闻报道等发布式营销，媒体渠道采购方案可作如下选择（见表10-1）：

表 10 – 1　赛事启动、颁奖暨闭幕仪式媒体渠道

传统媒体	新媒体（含所采购媒体的客户端、微信、微博等各社交平台）
文艺报	中国作家网
作家文摘	人民网
北京日报	新华网
新京报	新浪网
中国文化报	搜狐网
中国艺术报	腾讯网
中国青年报	
光明日报	
杂文报	
小说月报	
中国摄影报	

该方案中的媒体在发布赛事启动新闻消息时，在内容上将指明征文信息、获奖名单的发布媒体名单。

（2）征文信息、获奖名单公布等发布式营销，媒体渠道采购方案可作如下选择（见表 10 – 2）：

表 10 – 2　征文信息、获奖名单公布媒体渠道

传统媒体	新媒体（含所采购媒体的客户端、微信、微博等各社交平台）
文艺报	中国作家网
人民文学	人民网
民族文学	新华网

续表

传统媒体	新媒体（含所采购媒体的客户端、微信、微博等各社交平台）
中国作家	新浪网
小说选刊	搜狐网
作家文摘	腾讯网
中国校园文学	中国纪实文学网
环球企业家	
长篇小说选刊	
北京文学	
中国报告文学	
博览群书	
中国文化报	
中国艺术报	
中国摄影报	
知音	

在营销学课中有这样一种营销手法——饥饿营销。所谓饥饿营销，是指利用产品的产量供不应求的状态来激发消费心理需求，实现消费引导。在这种营销手法中，激发消费心理需求显然是至关重要的。事实上，它也是所有营销行为成功与否的关键。

由此，我们或许会有些遗憾。因为在我们了解了一般性普通营销手法的计划后，它看上去毫无惊艳的表现是足以令人生厌的，因为即便所营销的客体是个神话，也别指望一杯白开水就可以诱发人们的"饥饿感"，你必须得端上真材实料的"甜饼"来。

2. 极致的"甜饼"如何完成极致烹制

既然一般性普通营销手法无法带来"饥饿感"，那么创意文化产品营销手法能否端上一盘真材实料的"甜饼"呢？由于我们的讲述总会在或多或少可能的质疑中轻易损失掉公正性，因而，我们不妨同样进入到它的实操中，让它用自己的方式来告诉我们——极致的"甜饼"是如何完成极致烹制的？

创意文化产品营销手法会在赛事中对所营销的客体完成市场引导的具体实操过程记录。这是一份逻辑性很强的实操，你会注意到每一步之间的相互紧密性，虽然这种出众的紧密性仍可能无法左右你对本营销手法的极致表现给予认可，但这并不糟糕，因为你一定会感叹，它确实是令人惊艳的发现，是那些过于侧重各自为政的现有营销方式所无法望其项背的。

第一步：创意完成一部电视专题片。

按照赛事进程的安排，在中华人民共和国成立72周年国庆前夕首先完成一部电视专题片作品。作品在制作以及发行（营销）渠道采购上严格完成以下各项需求，在充分实现预定能效的同时，为第二步方案的投放打好基础。

（1）制作动机：计划纳入中华人民共和国成立72周年国

庆系列节目，争夺最佳的营销时间位；作为本次征文特别奖奖项篇目——《武乡——红色抗战之都》（报告文学或纪实小说）颁奖现场的配套宣传片；作为武乡县每届"文化年"红色影片展重点作品。

（2）制作背景：①1938年2月，朱德总司令率总部挺进太行山，转战武乡县的义门、寨上、砖壁、王家峪等地，直接指挥整个华北抗日游击战争，武乡县成为敌后抗日根据地的心脏。②长乐之战。本战役是抗日战争时期八路军反击日军九路围攻的一次著名战役，发生在武乡县长乐村。

（3）片名：《寻找老兵》。

（4）拟邀参演人物：刘心武（国内知名作家）、曾经抗战老兵等参与录制。

（5）拍摄主线：以知名作家刘心武寻找老兵切入，老兵讲述与背景相关的武乡抗战史实，并对朱德、彭德怀、刘伯承、邓小平等老一辈革命家在武乡战斗中人性魅力进行回顾。

（6）拍摄与制作手法：讲述式。后期以历史和现实两种镜头语言交错对比的蒙太奇表现手法完成制作。

（7）影片旁白：拟邀中央电视台有关纪实类频道主持人，或山西电视台新闻专题主持人。

（8）发行排片期：国庆前即黄金周前半月左右进行播出。

（9）发行（营销）渠道采购：山西电视台、中国教育电视台和中央电视台纪实类频道。

（10）本案价值：一是弘扬红色文化的社会价值；二是促进红色文化资源资本化，引导红色文化消费市场形成，实现与加速文化置换经济的能效。

第二步：创作《武乡——红色抗战之都》，作为征文特别奖奖项作品。

在赛事截稿日之前完成，本轮方案在投放过程中需要充分完成的各项需求为：

（1）创作思路：以"第一步"所制作的专题片背景环境为创作主题方向，或以作家进行抗战题材创作的创作思想为主线。

（2）体裁：报告文学或纪实小说。

（3）作者：刘心武。

（4）发表或出版时间：次年春游期间。

（5）渠道采购：《中国报告文学》、《作家杂志社》、《人民文学》、《文艺报》、《中国校园文学》、《小说选刊》、《环球企业家》、《民族文学》、《作家文摘》、《中国文化报》、人民网、新浪网、新媒体传播网、中国纪实文学网及获奖作品结集出版图书等。

（6）本案价值：发挥名人效应，为武乡县红色文化实行第一次"注金"，增容与提升武乡县红色文化的人文印迹，充裕内涵。

第三步：完成摄影图书《石广智行走红色文化之都——武乡》的创作，作为征文纪实摄影类特别嘉宾奖作品。

在中华人民共和国成立72周年国庆前完成制作，本轮方案在投放过程中需要充分完成的各项需求为：

（1）创作主题：以抗战为题材，以武乡县抗战遗迹遗物等为素材，通过摄影创作来表现红色文化的系列作品，或以摄影家的创作思路为创作主线。

（2）创作人：石广智（中国摄影奖连续三届创作类金像奖获得者）。

（3）摄影图书名：《石广智行走红色文化之都——武乡》。

（4）发表与出版时间：拟于中华人民共和国成立72周年大庆即黄金周到来前半月刊载。

（5）渠道采购：《中国摄影报》、《中国旅游报》、《中国文化报》、《中国艺术报》、《新京报》、人民网、新浪网、新媒体传播网、中国纪实文学网及纪实摄影类获奖作品结集出版图书等。

（6）本案价值：发挥名人效应，为武乡红色文化实行第二次"注金"，提升武乡红色文化的人文印迹，充裕内涵。

第四步：制作一档电视新闻访谈类对话节目。

在中华人民共和国成立72周年国庆前完成制作，本轮方案在投放过程中需要充分完成的各项需求为：

（1）节目名称：《红色印象》。

（2）对话人物：刘心武、石广智、武乡党委书记、当地旅游局局长。

对话内容：①谈武乡红色历史与现今文化的开发；②刘心武、石广智谈"红色作品"的创作感受。

节目使用的影像资料：专题片《寻找老兵》、摄影系列组片《石广智行走红色文化之都——武乡》。

（3）发行排片时间：中华人民共和国成立72周年国庆，即黄金周前夕。

（4）渠道采购：山西卫视、湖南卫视、旅游卫视、中央电视台相关频道。

（5）本案价值：从本案开始，我们将能真实体会创意文化产品营销手法在致力一个缜密而循序渐进的营销逻辑上，可以做得如此轻松自如。本案在前三步投放方案中所产生的创意红色文化产品（如视觉文化产品《寻找老兵》《石广智行走红色文化之都——武乡》，文学产品《武乡——红色抗战之都》）

的基础上，以名人现身说法，对武乡红色文化实现名人营销、情感营销、文化营销等多式并重营销，刺激受众消费心理需求。

在一般性普通营销手法实操的文本记录里，我们可以看到该手法没有放过颁奖典礼活动（闭幕仪式）这么一个绝佳的行销机会。那么，相对于一般性普通营销手法，创意文化营销手法会是一个糟糕的结果还是会制造一个更完美的结果呢？

第五步：完成一次高密集行销活动。

举办以行销红色文化为主体的颁奖活动。在这里的高密集，是指集中应用创意文化产品营销手法在赛事过程中所产生的红色文化终端产品，有序递进、多场次对所营销的客体进行行销。

我们在对任何一种文化做出市场行销行为时，假如需要进行诸如这样的高密集行销活动，那么首先得考虑的是如何促成行销目标中的预定需求，因而在这一问题的具体解决上，寻找那些有可能迅速完成我们行销目标的定向行销对象或业务伙伴，往往是事半功倍的关键行动。譬如在这场活动中，我们应尽可能宴请这么一些嘉宾（定向行销对象或业务伙伴）参与到活动中来，如刘心武、石广智等知名文艺人物及赛事评委团成员（评委团成员按惯例都是由作家群体及资深文学人士组成）；

旅游业知名机构或公司；文化产业知名投资机构或公司；图书出版商和发行商；武乡党委和政府领导；当地旅游局领导；《中国摄影报》、《中国旅游报》、山西电视台等知名媒体领导。

本轮方案将于 2022 年 3 月在武乡县举办的颁奖活动中投放。方案主要由四个在逻辑上明显拥有逐步推进关系的部分（场次）构成，这四个具体部分及在投放过程中各自需要促成的预定需求或行销目标为：

第一场：颁奖典礼。颁发特别奖与嘉宾特别奖时，播放专题片《寻找老兵》与《石广智行走红色文化之都——武乡》等相应背景影像。

第二场：刘心武、石广智"红色作品"创作谈。播放专题片《寻找老兵》与《石广智行走红色文化之都——武乡》等相应背景影像。

第三场：重走武乡县红色老区。

第四场：红色文化产业公关行销专场交流酒会。行销目标为：①为武乡红色文化产业开发吸资吸产；②向旅游机构推介武乡红色旅游产业，赢取红色旅游市场份额；③促发图书出版商（机构）、发行商（机构）参与到武乡红色文化出版产业或动漫产业的建设中来，加速红色文化整体产业化进程；④积极推进与营造各行业对红色文化产业投资的互助共识意向，形成通力合作与市场开发，为武乡红色文化产业走上产业链环境中的商业运营体系制造可能。

对于本轮方案所投放的四个有序组成部分（场次），在整个行销过程上也具有明显的节奏，基本可划分为动机和销售两个阶段（见图10-1）：

图 10-1　"第五步"所投放方案的两个行销阶段图示

此外，本轮方案在投放中仍需完成这样的一些需求：

（1）电视专题片节目录制、执行不同营销目标的多种语言形式（诸文字、图片）的软文（以植入所营销或广告宣传的内容、客体为目的的文章）编写。

（2）排片及相关新闻发布时间：同期排片与发布。

（3）电视及其他媒体渠道采购：山西电视台新闻节目、北京电视台、中国教育电视台新闻节目、中央电视台新闻联播等；《中国摄影报》、《中国旅游报》、《中国文化报》、《中国艺术报》、《新京报》、人民网、新浪网、新媒体传播网、中国纪实文学网等。

那么，本轮方案究竟又是如何做到高密集完成红色文化及产品行销的呢？其一，自行行销。是指通过在创意文化产品营销手法实施过程中所创意产生的文化产品，并按照产品属性选择各自适应的发行即营销途径（渠道），独立展开的市场行销活动。其二，结合创意产生的不同属性的文化产品，实现整合行销。总之，我们可以发现本轮方案呈现着节奏明朗、循序递进、逐级引导和高复合密集行销等特点（见图10－2）。

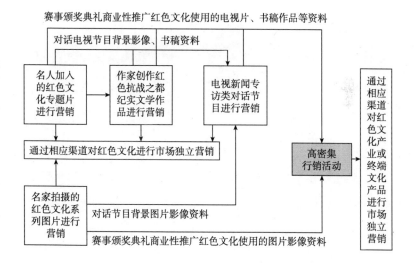

图10－2　围绕颁奖事件展开的红色文化高密集行销活动暨红色

文化市场的市场引导示意图

我们从图中还应清楚地看到这样一些既明朗又隐蔽的行销关系与逻辑：

（1）我们不难看出，图中"通过相应渠道对红色文化进行市场独立营销"这一功能模块，事实上也是作为执行自行行销的功能模块，而这一模块在时间段上却又处在本轮方案的行销动机阶段。但不管怎样，这一模块在展开自行行销时的主要精力便是试图去完成"武乡——红色抗战之都"这一品牌的行销。

（2）对于图中"高密集行销活动"这一处于核心位置的功能模块，显然又是作为执行整合行销的功能模块，而它同时也毫无悬念地处在本轮方案的定向行销销售阶段。但我们接着会发现，"高密集行销活动"这一功能模块并不满足于这一定向的行销销售，以至于再借助下一个功能模块即"通过相应渠道对红色文化产业或终端文化产品进行市场独立营销"来扩延它的非定向市场销售。但无论它是展开定向还是非定向销售，整合行销的主要精力都是集中在试图去完成对"红色文化产业"或"红色文化终端产品"的销售。

在我们认真阅读并简要解读了创意文化营销手法在对本章中的武乡红色文化展开行销攻略的这份完整的实操记录后，相对于一般性普通营销手法而言，这样的一些性能是很突出的：

其一，更为主动、能动和创造力。从一般性普通营销手法的实操记录中，我们可以明显地看出它是一种主要以被动接受并展开工作的行销行为，即被动对赛事过程中产生的与所营销的客体相关联的信息、内容展开机械性传播行销，而创意文化营销手法则显得尤为主动、能动和创造力。在稍后的文中，让我们通过一些细节加以了解。

其二，行销内容上更显丰富、更具市场引导力。创意创作文化终端产品是创意文化营销手法最为个性的地方，这无疑为它带来了想要便可以实现的丰富的行销内容。如果说，这便是它主动、能动和创造力的一面，当然也是无可厚非的。那么，为什么说又更具市场引导力呢？至于这一点，其实很容易理解，因为当一件终端红色文化产品的完成至出品时，事实上便是对客体进行一次更可能接近人性的行销，而这种行销所用题材事实上是源自于客体的市场竞争力（不同于同类竞品的稀有价值）。

其三，兼容性更优越。与其他营销手法相比，创意文化营销手法在对客体进行行销的过程中，更容易按所产生的行销内容（文化终端产品）的不同性质要求，引入其他相应的营销手法进行行销。由此，我们会发现创意文化营销手法在使用中常伴有一般性普通营销手法的身影，诸如情感营销、文化营销、口碑营销、体验营销、趣味营销、知识营销等，在兼容与整合营销手法的能力上，着实是一匹货真价实的黑马。因而，它若想展开一场行销的繁荣与盛景，譬如它在本课中的表现，可谓纵横捭阖、张弛有度。而一般性营销手法由于在行销内容的创造力上存在先天短板，自然也就不具备这种兼容与整合能力，或是在这种能力上显得异常羸弱，这一结论是很肯定的。

其四，推进客体的产品体系建设与产业化进程。譬如，我们从本课中可以发现，创意文化产品营销手法在对客体实行行销以至完成市场引导目标的过程中，首先要做的工作便是完成终端红色文化产品。如在第一步所投放方案中推出的电视专题纪录片《武乡——红色抗战之都》《寻找老兵》；第二步所投放方案中推出的纪实文学或纪实小说作品《武乡——红色抗战之都》；第三步所投放方案中推出的纪实摄影图书《石广智行走红色文化之都——武乡》；第四步所投放方案中推出的电视对话专题片《红色印象》；等等。

这些以不同语言及表达方式所完成的终端红色文化产品，在推进客体——武乡红色文化的产品体系建设上，我们必须得承认所做出的可贵贡献。与此同时，它们至少已在出版、影视、动漫、旅游等业务市场展开了积极试水，为红色文化的产业化提供了诸多思索与启示。

在对创意文化产品营销手法所呈现的这些优越性能做完一个小结后，让我们回过头来单独谈一谈这些性能之一的"主动、能动和创造力"。为什么说创意文化营销手法相对于一般性普通营销手法显得尤为"主动、能动和创造力"呢？概括来说，仍要归结于其所具备的强大的终端文化产品的创造能力。当它要实现某项任务目标时，所创造的终端文化产品都将成为它坚实的资源基础。而正是拥有着这种可以任其自由调配的资源基础，又成全了它同其他手法相比极富个性的主动与能动能力。

譬如，创意文化产品营销手法在为本章案例中的客体提供市场引导的服务中，在品牌"武乡——红色抗战之都"的树立与建设上所表现的一系列行销细节，无疑是对这一性能给出了佐证。让我们摘录与观摩一下这份以"营建品牌为目标"的部分实操文本记录：

品牌建设——贴片式行销

贴片本是指随片（影视片）广告，对所宣传的对象直接广而告之，广告位置通常是在影视片的片头和片尾。本课所提"贴片式"，其实质是涵盖并部分延伸使用了这一概念。

创意文化产品营销手法在采用"贴片式行销"对品牌进行建设时，事先对 Vi（品牌视觉设别）又进行了必要的落地工作。在 Mi（品牌理念识别）"红色抗战之都"得到肯定后，创意文化产品营销手法创造性地将 Vi 与本次赛事紧密捆绑，最终形成三个具备执行力的 Logo（标识）方案：

Logo1：朱德形象＋文字标识"武乡——红色抗战之都独家播报"融合。

Logo2：朱德形象＋文字标识"2022 年颁奖盛典，红色抗战之都武乡与您春天之约"融合。

Logo3：朱德形象＋文字标识"武乡——红色抗战之都特别策划系列读物"融合。

创意文化产品营销手法在不同环境中对 Logo 方案的能动筛选或品牌行销：

（1）独家播报贴片式行销。

独家播报，是指由举办方设置并授权的专业部门，通过媒体渠道对赛事的动态对外进行独家发布。不同属性的媒体渠道能动筛选不同的贴片方案，如：

平面媒体渠道：选择 Logo1 方案。

网络媒体渠道：选择 Logo1 方案。

电视媒体渠道：选择 Logo2 方案，预定在 2022 年春节期间展开行销。

（2）图书封页位置贴片式行销。

在三个 Logo 方案中，"Logo3"将被能动筛选并贴入书的某封页预定位置。

贴片的图书可包括：获奖作品文集、《石广智行走红色文化之都——武乡》摄影全图集等在赛事过程中创意完成的所有终端红色文化产品。

（3）图书首篇位置贴片式行销。

刘心武作品《武乡——红色抗战之都》将作为首篇贴入获奖作品集。

从石广智摄影全图集《石广智行走红色文化之都——武乡》中精选单幅（组）作为首幅（组），并同名（《石广智行走红色文化之都——武乡》）贴入纪实摄影获奖图集。

（4）片尾特别鸣谢贴片式行销。

在《寻找老兵》《红色印象》等电视纪录片、专题片片尾贴入"特别鸣谢武乡——红色抗战之都"字样。

品牌建设——植入式行销

植入是指将需要进行广告的对象合理、有机地融入影视片的情节当中，并随着影视片的热播达到对其标下植入广告的目的。本课所提"植入式"，其实质是涵盖并部分延伸使用了这一概念。

创意文化产品营销手法在不同环境中对品牌的能动行销：

（1）主体植入式行销。

将所营销的主体——武乡县暨"红色抗战之都武乡县人民政府协办"字样植入所发布的全部赛事资讯的内容中。

（2）标题植入式行销。

将品牌的Mi即"红色抗战之都"直接以文字形式植入各类作品的标题中，完成品牌行销。如：

平面新闻标题：《红色抗战之都——武乡的去年今日》。

摄影系列图集图书标题：《石广智行走红色文化之都——武乡》。

报告文学或纪实小说标题：《武乡——红色抗战之都》。

（3）内容植入式行销。

将武乡的抗战史实（即红色文化）作为内容，以不拘一格的桥段植入影视剧剧情或电视类节目的编排中，完成品牌行销。如：

专题片《寻找老兵》。这一终端产品是借助作家刘心武寻找曾经的八路军战士为主脉，通过老兵们的真实讲述，完成植入反映武乡往昔抗战的不朽篇章与老一辈革命家们的震撼人生，以达到对"红色抗战之都"的树立与建设效能。

谈话类节目《红色印象》。这一终端产品是通过刘心武、石广智两位名家在对谈"红色"题材的创作感受中，完成植入武乡极富魅力的红色文化，以达到对"红色抗战之都"的树立与建设效能。

当这一性能在履行自己的职责时，需要做出一点补充或强调的是，创意文化产品营销手法并不排斥其他营销手法同时加入进来协同完成一项行销任务，如刚刚观摩的关于品牌的树立和建设这件事。我们不必为此感到不适，因为超强的兼容力正是它能动性能的优良表现之一。同样，我们还应注意到，如此繁荣的品牌建设路径，皆因这一性能才有了诸多可能。

"创意文化产品营销手法在赛事中对所营销的客体完成市场引导的具体实操记录"的冗杂陈述，以及在对其性能的解读之中，我们有理由相信，它端上了一盘经过极致烹制的甜饼。那么，甜饼的真材实料又是什么呢？所有的记录皆指向一个答案——终端文化产品，理由在于它们具备了诱发消费者对所营销客体的市场"饥饿感"，是消费者价值需求的具体化，这在创意文化产品营销手法的性能解读中已经提过。因而，创意文化产品营销手法在市场引导能效上常令其他营销手法无法比肩。

总之，具有母体效应的文化产业无疑是一位左右人们消费意识的孕育者与助产士，它常常令创意文化产品营销手法极其出色地担当"三驾马车"中市场引导的角色。

第十一章

在雨林腹地怎样炼成一座创意 文化度假庄园

谈文化软实力，或者谈价值资源的软动能，可以说母体效应是我们无法忽视的，因为它使一切变成了现实。但母体效应毕竟仍是难以量化的抽象概念，由此，我们很自然地将目光落在了"三驾马车"上。换句话说，"三驾马车"是母体效应的具体化。因而，"软实力"在这一称号上是否够格，"三驾马车"所提交的数据无疑是最有话语权的。

这正是为什么在第九章、第十章中，我们结合着实操案例不厌其烦地讲解母体效应与市场引导的热情所在。但在这两章后，几乎可以肯定的是，所有人都在思考这样的一个基础性问题——价值资源在实操中究竟该如何创造出创意产品？这正是本章以及第十二章所要解决与完成的工作。

在开始这两章讲解前，我们深信在通识第一篇、第二篇后，你一定具备了这样的三大能力，即创意产品的思维逻辑的能力、价值资源认定的能力和产业商运系统模式的思维能力。

事实上，你是必须具备这些后才可以向下继续学习的。

在这一章中，假如我们需要在中国海南省的雨林腹地——保亭县响水镇尖峰岭下造就一座面积为 567 亩的创意文化休闲庄园，那么在面对一些大自然的馈赠，以及一些犹如活化石的当地古老文化，该如何足够智慧地将它们从价值资源的原始状态转化成逐鹿市场的价值供给呢？在开始本章前必须要强调的是，我们依然会带着不厌其烦的精神进行烦琐讲解。因为事实上，烦琐不仅能造就一名创变者精益求精的特质，更能在创意的实操工作中引导我们完成正确的逻辑思维能力的培养。

第 1 课　阻断价值资源资本化陷入不自觉"苍狼陷阱"

在过去的 30 多年里，如果说高速发展的中国经济存在着一定的大比例的掠夺式发展现象，应该不会有人提出质疑。我们发现，中国最高决策者在"十三五"开局之年（2016 年）正式确认了两个事实：一是中国经济发展进入了新常态，二是将去产能列为开局之年五大结构性改革的首先任务。这在经济面上，说明中国最高决策者已经认识并对经济发展中的长期不健康现象展开了修正。

一、阻断陷入不自觉"苍狼陷阱"

说到"苍狼陷阱"，不妨来看一下吴晓波在《把生命浪费在美好的事物上》里的释义：

跟台湾的产业界相比，大陆的浮躁与苍狼化态势正成为商业思想的主流。急躁、功利、凶猛决然、见到猎物就上、从不顾及生态，这种"狼文化"据说正被很多企业家奉为"图腾"。

　　吴晓波的这一"苍狼"观点，指的正是掠夺式发展现象。既然中国最高决策者已将此定性为不健康的发展现象，那么，它便是被明确禁止在经济面的陷阱。事实上，我们正担心"苍狼陷阱"暗度陈仓。其一，在中国多年来唯 GDP 主义的逻辑下，有些地方官员们冒天下之大不韪，继续推行"狼文化"。不要认为这只是一个不友好的说法，郑永年在《关键时刻：中国改革何处去》中就对中国是否会陷入"城市化陷阱"提出过几乎如出一辙的警告："不能否定地方政府想利用城市化的合法话语，获取土地资源，主要是农村的土地资源。"其二，价值资源走向市场，资本化是唯一路径，因而与同为执行资本化的"苍狼陷阱"极为靠近。

　　当然，我们在本书中所设定的政府环境是一个极其友好的支持环境，因而事实上，我们所要突破与解决的却是存在于自身的可能局限：在 2015 年党的十八届五中全会所提出的五大新型发展理念要求下，我们该如何自觉阻断价值资源资本化时陷入"苍狼陷阱"的不自觉思维逻辑？这需要一个拥有足够智慧的创变者，除此，还有什么药方比这更可靠呢？

二、可以资本化的价值资源

　　我们在上文已经提过，新建的庄园坐落在海南省保亭县响水镇尖峰岭下。关于这宗土地，事实上有着一系列令人称奇的地方：其一，它几乎完全置身在国家级自然保护区毛瑞自然保护区的怀抱中（见第2课的"未来庄园版图"）；其二，它属于海南岛腹地的五指山区，有着丰富热带与亚热带季风气候资源；其三，它拥有着纵横交错的山涧水溪、植被丰厚的原生态林区、四周环绕叠嶂的山峦，以及极具观赏价值的热带原生景观。那么，在这片繁盛的原生世界里到底有哪些可称得上价值资源，能够在资本化后实现价值供给呢？

1. 原生景观资源

当我们试着继续深入探索与了解这宗土地时发现，它的自身条件并非我们最初想象的那般糟糕，由于它属于海南岛上那些重要的自然保护区多数集中的中部山区，从而拥有着90%的国家重点保护物种和典型的生态系统得以完整保存。天然鬼斧的原生旅游景观着实是无可穷目。这些有价值的原生景观资源可细分为以下两类：

（1）山地与奇石。从地形上看，这宗土地属于"五指山"支脉丘陵地带，山势层峦起伏，山上植被茂密，落叶层厚，土地肥沃。主峰为尖峰岭，登临便可眺南海、观日出。此外，我们可以看到所在区域分布着河流、池塘与山涧，以花岗岩为主的岩石，多巨石、卵石，肖形状物，易于神工立景。可峭壁如削，可平滑塑榻，造就未来庄园的石景奇观。

（2）植物与林地。这宗土地上的植被发育极好，多为原始森林和次生林。汕棕、松类和大叶类植物一应俱全，很多树种具有很高的经济价值和观赏价值，是天然的热带观光植物园。此外，仅热带水果品种就有几十种，以及拥有着丰富的南药和花卉等资源，具备着广阔的市场前景。

2. 生态经济物种资源

（1）植物类经济物种。在这宗土地上的热带果品种类繁多，有龙眼、菠萝蜜、木瓜、芒果、蜜枣、杨桃、番石榴、槟榔、贡蕉、荔枝、红毛丹、莲雾、山竹等，味皆甘醇，是极为原生态的热带果品，可谓果品之珍，具有广泛的生态食品供给空间。

（2）动物类经济物种。在看过植物类经济物种后，让我们再来看看什么样的动物类经济物种可以在这宗土地上进行生态养殖。经过归整，我们发现大约包括农家槟榔鸡、鹅、鸭、猪以及海南的知名食材东山羊、罗非鱼等，都可以在当地气候中自然存活。由此，引起我们注意的是，这些动物类经济物种不但可以充分保证新建庄园的原生态餐桌菜谱，同时也为庄园设计极富农趣的休闲娱乐项目提供了资源支持。此外，更令我们欣喜的是，那些繁多的热带雨林野生动物，如山鸡、野兔、野鸭、野猪、山狐、獾、松鼠等，为游赏供给提供了不可或缺的天然物料。

3. 古拙的黎族文化遗产资源

未来庄园的行政地理处在海南省的保亭县，保亭县所居住的民族有黎族、苗族、汉族，其中黎族为主要居住人群。据史可知，黎族是海南岛最早先民。由于历史、文化的渊源关系，黎族至今仍保留着许多质朴敦厚的古老民风民俗，颇具海南民族文化的地域代表性，这一极不寻常的民族文化现象带着时代的烙印在历史的回声中越发深邃，从而使海南的社会风貌显得古拙而独有。黎族歌舞、传统劳作、传奇神话、礼仪习俗、传统体育；黎族纺织、对山歌、跳竹竿舞等，诸如这些仍存活的海南黎族的古老文化遗产，与热带滨海完美结合所造就的海南特定地域文化，皆有异常稀缺的观赏价值。

不可否认的是，在发现古老的黎族文化这一支持资源时，我们似乎看到了未来庄园的灵魂，真正听到了它的生命脉搏。

三、特定的稀缺价值供给否定了"苍狼陷阱"思维的可能

从价值资源的解析中，我们能够清楚地意识到，原始化状貌是未来庄园有别于竞品稀缺价值，这一稀缺价值将彻底改变我们在对价值资源进行资本化过程中可能误入的思维风险——

再次掉入"苍狼陷阱"的不自觉思维逻辑。何以如此肯定？理由在于，在我们肯定它是我们所确信的稀缺价值并将之作为价值供给时，并非出于任性的感知，而是从它的市场容量调研中得到的结果。因而，在如此主张下的价值供给，"苍狼陷阱"的思维逻辑显然已无容身可能。此外，也只有这一点被相关利益方得以认知后，创变者们的创造性劳动才可能真正摆脱最为糟糕的野蛮干预。虽然习近平总书记于2016年4月26日在合肥召开的知识分子、劳动模范、青年代表座谈会上，对各级党委和政府做出了这样的要求，"各级党委和政府要切实尊重知识、尊重人才，充分信任知识分子，要减少对知识分子创造性劳动的干扰"，但在唯GDP主义逻辑尚未完全退出政绩考核的环境下，恐怕还得从长计议。

因而，在我们作为创变者对价值资源进行资本化之前，很有必要再对价值供给的核心属性做一确认。

如果我们将未来庄园视为因市场存在需求而提供的一种价值供给（商品），那么它的核心属性——原始生态属性（稀缺价值）将让同类竞品难以望其项背。具体可以细化在这样的两类供给上：其一，物种的原始生态属性供给。未来庄园因坐落于五指山腹地，紧邻毛瑞自然保护区，因而园内所生物种与保护区一脉相承，多属原始与次生物种，而它们的这种远古存在一直不曾消殁，这是足以令人兴奋的。其二，文化的原始生态属性供给。黎族是海南岛地的先民，没有经过迁徙，因而未经杂融以至血脉纯正的黎族文化依旧气息远古。如果我们很乐意开放先民们古老的"傩戏"，可以想象，人们将会是怎样的趋之若鹜。

事实上，这项工作是不可或缺的，因为价值供给的核心属性不但能让我们看到一个庄园所存在的价值以及活着的灵魂，同时，对它的确认也将引导、约束且最终论定创变者们的智慧成果是否达到要求。

第 2 课　终端产品的创意思维逻辑、实现与庄园版图

在第 1 课中，我们主要讲解了这样一些问题：一是在对价值资源进行资本化过程中，怎样正确认识并规避陷入"苍狼陷阱"的不自觉思维逻辑；二是可用于资本化的价值资源，即主要支持性资源疏理；三是价值供给的核心属性确认。当你确信这些问题已引起你的足够重视后，那么，你便具备了进入本节课堂的资格。

　　在本课中，我们将通过对未来庄园向需求市场所提供的价值供给即终端产品的创意实现这一实操，来完整观摩与直接体验作为一名创变者是如何将价值资源与智慧相结合，魔术般完成资本向市场的逻辑的。不可否认，观摩这样一场有些繁冗的实操是非常需要耐力的，但对于将要以此为生涯的职业人而言，它比学习几条已经成熟的理论说教要实用得多。理由很简单，因为在那些理论的学习中，一名未来创变者是无法从缺失真实工作环境中直接体验并孕育与创变者称谓共存亡的本领——智慧在创造性劳动时的思维逻辑。而这一本领的获得好比填鸭式教学的先天缺陷，一种和平的永远的先天缺陷，因而，这种和平理应不是你作为一名未来创变者所能享受的，你得去实操环境中感受与经历那些原本属于你的硝烟，这样你才可能拥有这一本领，才有机会让它在你的身体里成长，以至将你蜕变为一名真正拥有智慧的职业创变者。

　　事实上，这也是笔者为何要在本书中对实操施以重笔的原因之一，在笔者的观点中理论难以取代实操，而实操往往是推进与修订理论的推动者。因而，你最好牢记这样两个人的话。德国哲学家费尔巴哈说："理论所不能解决的那些疑难，实践会给你解决。"英国剧作家萧伯纳说："一个人只有经过东倒西歪的、让自己像个笨蛋那样的阶段才能学会滑冰。"我们相信，你至少正在确信经历一场实操洗礼的重要性。那么，让我们一起进入这一课。

一、终端产品创意实现的思维逻辑

在了解了价值供给的核心属性后，作为创变者，我们得知道遵循核心属性对工作成败的意义，且在进行终端产品（价值供给）的创意实现中势必去确保它，才是最为专业的做法。而我们由此所完成的智慧成果，也才可能达到真正的"聚精会神"。

那么，对于未来庄园的终端产品在创意实现中又该如何做到这一点呢？我们给出的方案是：依托原生地理这一天然骨架，完成产品（创意体），即原始类原生景、创意类原生景和休闲娱动类原生景三类景观的实现，突出以"原生"为主题的无序无束散文式布局。当然，这一方案肯定不是完美的，但我们注意到这种思维逻辑对于创变者是完全可靠的。那么，在针对具体的价值资源进行终端产品的创意实现中，又该如何思维才能尽可能缩小由于我们自身的技术差错而造成的价值流失呢？

1. 原始类原生景创意产品实现的思维逻辑

本课所定义的原始类原生景，是指基于热带雨林中那些完好的古老原始化状貌及可塑环境进行因势创景或直接立景。在此类景的实现中，我们须对自己定下一个天花板原则——尽可能地在已有怪石、珍木、涧溪等价值资源的原始化状貌基础上进行一些微量的干预工作。

价值资源：怪石、珍木

实现产品：石景、名木景

创意思维逻辑：由上文可以得知，未来庄园所结庐的尖峰岭山态多姿，山石又多以花岗岩为主，多巨石、卵石，肖形状物。由此，我们可尝试将当地或海南的传说、民俗等文化元素作为背景内容，来深度丰富与填充那些"肖形状物"的血肉，以完成原始人文景观的构筑。

而对于那些原始且极富观赏价值的独有的热带雨林典型物种——奇木珍灌，立景却异常轻松，如直接给它们挂上自我表白的名牌。或许，再也没有比这更能让它们最大化地创造无炭、可持续赢取货币的替代途径了。

价值资源：涧溪

实现产品：汩泉湖、百重瀑

创意思维逻辑：我们发现，未来庄园拥有良好的涧溪，其错综相间于整个林域，好似天设龙骨。但即便涧溪天成，若不添加一些智慧因素，恐也远不足观。文人画创始人王维有诗曰："山中一夜雨，树梢百重泉。"诗中描述的图景给了我们这样一个提示：虽是小水，亦可成绝色美景。由此，涧溪之水虽无奇，但它却是活在山体上的，这无疑给出了塑景的可能。既然树梢能生百重泉，那么，涧溪微流也可生"百重瀑"，百重瀑源头湖水由山泉而来，我们理当可以称为"汩泉"（意为山生美甘，汩汩不断）。这样，因涧溪而生的原生景便基本诞生了。

这一创意景观由两部分组成：一是上游源头山泉湖改造的"汩泉"；二是在涧溪水路上完成的"百重瀑"。

在完成某一创意体的总体构思后，我们的工作事实上才刚刚开始。在同样作为一种创意产品的创意体与摆上柜台售卖的创意产品，在赢取货币的能力上是完全不同的，至于前者，是取决于其所具备的观赏价值的大小。因而，如何使创意体具备最大化的观赏价值，或者说在价值供给上形成有别于其他竞品的绝对稀缺，将是我们所有工作的唯一追求。事实上，这一追求也是我们作为一名职业创变者所应具备的职业素质与职业思维。

毫无疑问，在追求百重瀑的供给稀缺性上，再也找不到像黎族元素这种价值资源的引入更令人受到鼓舞的了。

产品组成一：汩泉湖

创意思维逻辑：黎人古来生活在山林中，狩猎是黎人日常活动之一。他们在山林中朝行暮栖，山泉水是他们广泛用于生活、吃饮的依赖水源。其水不但清润、甘冽，且矿物质丰富，因而又具有着养肤滋颜的美容功效。由此，我们在掌握"人和水"的关系后，汩泉湖的创意也就不再那么难以想象了。

首先，要如何表达山林中生活的黎人同山泉的亲和关系？我们给出的做法是——在湖边完成"掬泉洁面"的黎族少女雕像；其次，要如何向游客表达山泉甘冽可饮、养肤滋颜等实用价值？我们给出的做法是——将流入湖中的山泉水改造为由湖底涌现湖面的景观。事实上，在我们圆满解决了这样的两个问题后，汩泉湖也就诞生了。

产品组成二：百重瀑

创意思维逻辑：在我们看来，百重瀑这一创意体的设想是极其微妙的。涧溪水路"一马平川"，故无瀑（我们在这里所要营设的并非是那种"飞流直下三千尺"的瀑布，而是指具备着被称为"瀑布"的所有特征）。由此，我们要做的就是打破它的一马平川，如"造坝截水"以生"瀑"，投垒石于水以生"激溅"。当涧溪上布满瀑布后，那么我们便完成了"百重瀑"这一杰作。

2. 创意类原生景实现的思维逻辑

在通过解析并从中领悟了不同价值资源在创意实现原始类

原生景的思维逻辑后，让我们再来看看创意类原生景在创意实现过程中是否存在可以遵循的思维逻辑。

本课所定义的创意类原生景是指除热带雨林中那些天地造化的原生景外，或是无法归入原始类原生景中；换句话说，根据庄园景区的现有环境条件，并结合当地文化、民俗等价值资源来进行创意实现的原生景。

价值资源：神话"大力神"

实现产品：望曦崖

曦，本意是指早晨的阳光。在"望曦崖"中，我们以其借代"太阳（日）"，因而这一创意体实现的最大意义相当于黄山的光明顶。没错，它正是为了你能够好好地看个日出而创意的"光明顶"。然而，比起黄山的光明顶，它或是一个更值得你留步的创意体。

创意思维逻辑：有这么一位"大力神"，其在黎族神话中的形象犹如我们对盘古的认识，是一位被黎人广泛流传为开天辟地的天神。神话这样描述："古时天地相距很近，天上有七个太阳和月亮，人类深受其苦，难以为生。有个叫大力神的人，在一夜之间把天拱上高空，第二天又做了一张很大很大的弓箭，把太阳和月亮各射下了六个，为民除了害。那时，大地一片平坦，大力神用七彩虹作扁担，从海边挑来大量沙土造山垒岭，继而又用脚踢出深溪大河，而大力神洒下的汗水，则成了奔腾不息的河水。大力神完成了开创世界大业后，便溘然长逝。"在人类蒙昧时期，黎族的先民在万物有灵论的观念支配下，通过天真奇幻的想象，对世界的生成做了浪漫的解说，把一切的自然力都人格化了，希望世界上有一个非凡的英雄，按照人们的理想，驱除灾害，创造一个适合人类的自然环境。

由此，我们发现被人格化的"大力神"有这样两点值得关注：一是其与太阳有着直接逻辑关系，这一点对所要创意的主体景观有着完美的故事因果情节与内涵；二是其被具象为勇敢和智慧的化身，闪耀着海南先民——黎族文化的思想光辉，有着资本化所追求的货币资本。

因而，"望曦崖"的主体景观便出现了。没错，要使这个景观创意体令人印象深刻，少不了这位"大力神"的坐镇。那么如何构筑"大力神"主体景观？我们决定将它留给读者来完成，以便检测自己在学习中是否掌握了创意思维逻辑。

价值资源：黎族的经典民俗＋风情

实现产品：黎族民俗文化石雕艺术广场

创意思维逻辑：据史可知，黎族是海南岛最早的先民。由于历史、文化的渊源关系，黎族至今仍保留着许多质朴敦厚的古老民风民俗。这一极不寻常的民族文化现象，令海南的社会风貌显得古拙而独有。黎族歌舞、传统劳作、传奇神话、礼仪习俗、传统体育；黎族纺织、对山歌、跳竹竿舞等，诸如这些仍存活在海南黎族的古老文化遗产，有着异常稀缺的观赏价值。那么，什么样的创意体能对它们一次性完成资本化或终端产品的实现呢？

我们所给出的设想是：完成创意体"黎族民俗文化石雕艺术广场"。它主要由两部分组成：一是主体智慧柱石雕。智慧柱石雕上以黎族民俗文化为创作内容，以阳雕手法立体展现黎族人典型的肖像与代表性丰收场景的喜悦舞姿，追求力量与美感。二是与主体智慧柱相呼应的多件以经典民俗活动为内容的石体雕塑，不对称却有序散放广场。

需要做出说明的是，在进行这一创意体的设想中，在对相应价值资源稀缺的观赏价值进行资本化时，我们更有意地考虑了价值最大化。换句话说，我们可能在对稀缺的观赏价值最大化的同时，又对价值资源的增值能力产生了兴趣，并有意识地将这兴趣纳入影响资本化结果的要求中。不要觉得这只是随便说说，事实上我们要表明的是，这才是一个职业创变者的专业思维。那么，关于创意体——黎族民俗文化石雕艺术广场在尽可能地实现观赏价值最大化的同时，它的"增值"在哪儿？这个答案，让我们留到下文揭晓。

价值资源：涧溪分布的路线

实现产品：乐山樵道

樵，在本课中指樵夫，因而樵道即樵夫行走之道，"乐山樵道"则寓意为山中远足之乐。事实上樵道本身并无可观，这一创意体的供给价值在于它的优游与远足，而那些久坐办公室的人们太需要这种行走了。

创意思维逻辑：我们发现，如果在未来庄园内缘溪而行，便很容易享受园内众多原生景，途中有看不完的名木、石景、原生林、鸣鸟走兽，还可听尽"百重瀑"之潺，观得"百重瀑"之蔚，以及涧溪泉流的缕缕缝缝。这一天成的远足原生环境，正符合来山中游乐者的避闹心理，具有资本化的可能。因而，接下来的工作就是如何将它创造成更符合逻辑的创意体，譬如我们提出的"乐山樵道"。

何以提出这一创意体？事实上，我们在设想一个创意体时并不是盲目的，而是需要时刻带着"符合逻辑"这个自我约束的，正如我们所提出的创意逻辑思维问题，也正是为了"符合逻辑"。让我们来对照分析一下为何偏是创意体"乐山樵道"符合了逻辑？理由并不复杂：一是不夸张的樵道，没人会再想到"喧闹"二字；二是涧溪的路线本身就犹如庄园的龙骨（见第2课中的"未来庄园版图"），只需沿着涧溪完成樵道的工作便可。而这样做，显然更有助于人工樵道与周边原生环境浑然一体。

因而，终端产品的创意与实现须尽可能做到符合逻辑，或者说尽可能追求"聚精会神"。相反，我们并不欣赏甚至反对不着边际的所谓奇思妙想，因为这是一种对价值资源极不尊重的挥霍与无知的行为。

价值资源：热带湖

实现产品：濯足渑

濯，意为洗；足，意为脚；渑，意为池、水。因而，"濯足渑"的含义即是浸足之水。

创意思维逻辑：在对"濯足渑"简单释义后，让我们来了解一下本产品是如何实现与完成创意的。我们发现，在未来庄园内存在着优良的天然热带湖，这种湖对于热带雨林而言并不算特别，但显然是很值得关注的一种价值资源。既然如此，我们不妨设想是否能引入这样两种鱼：热带大肚鱼与蝴蝶鱼。这种创意的理由在于：一是它们是热带宠物，可以很好地在湖中生存；二是它们身上带有一种稀缺属性，是可实现的价值供给。这种稀缺属性在于这两类鱼就好像是一群受训的尽职"医生"，可为游者按摩、去痒、涤污、杀菌，让人体毛孔畅通，排出体内垃圾和毒素，同时能让游者在鱼啄的乐趣中令肌肤吸收山泉湖水中的各种矿物质，加速人体新陈代谢，达到养颜护肤、延年益寿的奇特功效。此种无医无药生态式的自然疗法，对于常见的皮肤病、脚气有着独特的疗效。这一切，都增加了对引入资源展开资本化的足够诱惑，由此，我们提出了这一创意方案。

　　然而，仅仅这么做还不够，原因在于"濯足湍"也是作为景观创意体同时推出的，因而创意者的智慧劳动还得继续下去。但我们要注意的是，上述方案在这已转化成对创意者的一种无形的限制，也就是说接下来所完成的景观创意须与上述方案是整体统一与和谐的。事实上，职业创变者可能会想到：一是如何更形象地表达与传递这是"濯足湍"的信号；二是在设计上怎样才能达到既可观又实用？这是一个很符合逻辑的专业思维。而最能做到形象表达的莫过于创造一具濯足者的石雕，当然，我们没有忘记这种创意须达到景观的级别，因而我们进一步提出在湖央雕塑"一摆足湖水悠然酌酒的仙翁石雕"的计划。至于第二点，实现起来要容易得多，譬如在热带湖的周边完成游人濒水的石砌"亲水阶"便是不错的计划。

价值资源：竹林＋松林

实现产品：听风揽景台

创意思维逻辑：顾名思义，这个创意体应该是个可以听声与观景的高台或楼阁。由此，不免又会产生一个疑惑。这个疑惑就存在于价值资源与创意体之间，因为它们表面上看起来并不存有任何一种逻辑关系。那么，这真是创意者犯下的低级错误吗？当然不是。

明代诗人张潮在他所著的《幽梦影》"论声"篇中这样描写道："月下听箫声，山中听松声，水际听欸乃声，方不虚此生耳。"由此可见，声音也是一种能极度影响人心理的事物，具有一定的消费需求。句中提到"山中听松声"，从而让我们发现在未来庄园实现这种价值供给的可能，譬如"听风揽景台"的设想与实现，便完成了这种可能，以及进一步提升了这一价值供给。

在未来庄园的山体地理上有着完整的松林、竹林，因而完成"听风揽景台"创意体也就万事俱备了。而我们所要做的，只要在它们的身旁尽可能地选出令人满意的景观地址。

价值资源：海南代表性的原生物种

实现产品：沉香园

创意思维逻辑：我们最初的发现是，在未来庄园内有这么一片原生的"南药"乔木区。这些乔木是属于海南四大药之一的名木，如果仅以挂名牌完成"名木景观"，未免过于单调，价值供给也明显趋弱。但这种名木却给了我们一个无意的启示——如果将那些具备海南代表性的原生物种汇集在这片南药区，那么，这里的繁荣气象就足够了。而这片南药区，也会由此蜕变成一个具有较高观赏与价值供给的"海南原生生物世界"。

那么，如何实现这个"海南原生生物世界"呢？出于对原生景以及观赏价值的追求，我们原则上弃用了标本，而更多地选择物种的实体以及其对应的地理环境来完整构建与呈现，即分别由海南原生花草实体景观世界、海南原生果品实体景观世界、海南原生名木实体景观世界，以及一座360度球幕科普影视厅来完成整个"世界"的实现。而当这片南药区成为升级版后，我们更喜欢称它为"沉香园"。

价值资源：黎、苗族的建筑文化

实现产品：民族屋

我们在此使用"民族"一词，仅特指生活在海南岛上的黎族与苗族，因而创意体"民族屋"也是指具有这两个民族家居风格的居室。

创意思维逻辑：黑格尔说："建筑是散文。"对于长久与山林为伍的黎、苗族，他们依林木而筑榻风格于散文可谓更加名副其实。依林木而起透着散文式优美的竹制、木制建筑，蕴藏着山林民族的伟大智慧与文化风俗。在初踏者的眼中，它们无疑是一道不可思议的饕餮盛宴。当第一次见到这些更"黑格尔"的建筑后，我们肯定了它们存在的价值。由此，我们提出了完成创意体——民族屋，这一以黎、苗族建筑文化为价值资源，并可能实现价值供给的终端创意产品。

至于本产品的创意亮点，可以从两个方面予以肯定它的供给价值：①观赏价值。民族屋在完成后，其建筑风格的稀有性决定了它们具备观赏价值的供给。②居住功能。除去观赏价值的实现外，民族屋更是在住宿功能上替庄园分忧，发挥着不可或缺的供给。

价值资源：热带原生果树群

实现产品：热带生态果园游赏区

在我们所讲述的所有创意类原生景的实现中（当然，这是包括而不仅限于此类终端产品的实现），我们需要时时将视角放在价值资源与所要实现的终端产品之间的逻辑关系上，即不得不时刻牢记并尽可能使所实现的终端产品能够"聚精会神"。即便在实现起来好像异常轻松的一些创意体，一样要保证自己作为职业创变者思维的工作精神。

创意思维逻辑：在面对一片繁茂的热带原生果树群，首先要提醒自己的是，我们要实现的价值供给是什么？即在我们明确了"观赏价值"是所要追求的价值供给后，才不会将它们改变成提供果实售卖的地方。那么诸如"一片繁茂的果树群"这类相对于所要完成的价值供给，在看起来有些力不从心的价值资源，又该如何强化它们的价值供给能力呢？

我们是这样做的，尽可能关注价值资源的每个可能的供给能力，你必须从一切容易被忽略的细节上来寻找、增加和丰满它的供给能力，以最终实现相对于它要完成的价值供给。譬如，在实现热带生态果园游赏区期间，我们有意对繁茂果树群进行不同果木的分割、对分割的果木群挂牌（名牌）立景、对果品挂牌立景等，这些看起来极为寻常与细微的做法让我们发现是有效的，它们最终所形成的供给能力完成了热带生态果园游赏区的价值供给。

3. 休闲娱动类原生景实现的思维逻辑

休闲娱动类原生景与上述两类原生景是完全不同的。如果说上述两类原生景完成的价值供给是"观赏价值"，受众得到最多的是被动感受，那么休闲娱动类原生景则更多倾向于受众的主动参与和互动。而参与和互动，则正是这类原生景致力于追求的价值供给。

事实上，我们在进行智慧创造之前是需要做出一些交代的，或者说至少该表明一下这类终端产品实现的可能性、必要性，以及对它认识上可能会产生的一些疑问。这是创变者在开展某项工作前必须要做的功课，以便更为清楚地估算和掌握任务的现实状况，切断"非职业事件"的发生（非职业事件，我们在本书中给出的判断是，一种由于自身的懈怠造成脱离事实，在不顾作为职业创变者的专业水准，以及违背职业精神的情况下盲目开展工作）。

那么，休闲娱动类原生景在创意实现前会有哪些功课需要我们做呢？

一是要知道实现的可能性。良好的未来庄园有着足够的实现资源。二是要知道实现的必要性。首先，要知道谁不想参与其中，就好像你为什么会偏爱去看同一部影片的3D或4D版本呢。我们由此发现，这类展现着"互动"价值供给的终端产品，无疑是对前两类价值供给做出了一个完美补充，它使未来庄园在身为竞品时更具市场竞争力。现代企业高度追求团队协作文化建设的需求产生了广阔商机，我们注意到这一目标市场。因而，在所实现的这类终端产品中，也完成了向该市场投放的供给产品，如天路、仿古弓弩狩猎区、黎式民俗主题篝火晚会、攀岩及真人CS雨林对抗等产品。当然，这些产品最终的投放更有可能远超于这一目标市场，以至在效益最优原则下实行广泛市场战略。三是存在的可能疑问。本类原生景可能被称为"休闲娱动项目"更恰当的创意体，那么为什么还要冠以"原生景"？这是因为我们基于资源的核心属性——原始生态属性，有意识地在价值供给上充分体现并保证这一有别于其他竞品的稀缺。因而，我们更愿意也将此类终端产品称为"休闲娱动类原生景"。

价值资源：热带原生果树群

实现产品：热带原生果园采摘区

创意思维逻辑：这一产品，让人觉得很面善。没错，它的提出、设想与完成，完全是由"热带生态果园游赏区"带来的灵感。

我们已经确信繁茂的热带原生果树群是丰富的价值资源。因而，我们总是尽可能努力地实现它们的价值最大化——不让它们变成单一的果品产区，实现它们的"观赏价值"。但事实上还远远不够，如产品——热带原生果园采摘区的提出与设想，便证明了这一点。

本产品又是如何实现的呢？我们的做法是：先将果树群划定为采摘区和游赏区，再对它们进行生态休养管理，即当其中一区进入生态休养期时，便成为游赏观光区，而另一区则为采摘开放区。

价值资源：听风揽景台

实现产品：天路

何谓天路？你完全可以想象一座由木板、锁链所构成的铁索桥。这是不陌生的，只是这一"铁索桥"将由地面向空中延伸，直达听风揽景台，即谓天路。

创意思维逻辑：我们可能先要解答一个疑问：听风揽景台是价值资源吗？或者说，创意产品能不能被看作价值资源？如果你认为它对于需要实现的产品是那么的重要，那么回答是肯定的。若你是一个职业创变者，那么这个疑问显然是多余的。

我们对于天路的提出与设想取决于以下几点：一是向目标市场（企业文化建设）投放需求产品；二是借力听风揽景台的品牌影响，提升天路的价值供给能力，实现天路的广泛市场；三是进一步推进产品——听风揽景台价值最大化的可能。

价值资源：丰富的原生动物

实现产品：喂乐园

创意思维逻辑：这一创意体的实现并不复杂，唯一的担心便是支持性资源是否足以具备实现的可能。喂乐园并不关注对动物的喂养，"观赏"才是它所追求的最大价值供给。因而，喂乐园的实现并不取决于一种动物的数量，而是物种的丰富上。

从第1课中，我们找到了实现这一创意体的肯定答案。丰富的海南岛原生动物不仅包括农家槟榔鸡、鹅、鸭、猪，以及海南知名的东山羊、罗非鱼等，还拥有繁多的热带林野生动物，如山鸡、野兔、野鸭、野猪、山狐、獾、松鼠等。

事实上，如此丰富的动物资源，我们在对它实现价值最大化的追求上远未结束，如接下来还会提出的"狩猎"产品。

价值资源：游人情感

实现产品：海岛之恋游人自种区

创意思维逻辑：我们常常会发现这么一个细节，游人总喜欢"到此一游"的不良行为，也似乎总戒不掉。为什么？这是值得思考的。但如果将这种不良行为所牵涉的文明争议暂且搁置，那么我们就能清楚地看出这是一个具体的消费需求信号。这一信号，给设想与实现产品——海岛之恋游人自种区带来了可能。

但事实上，我们在提出这一产品时，对于它应提供与追求的价值供给仍是模糊的。我们最初的设想只是简单地提供一块庄园的土地，让游人种下他们喜欢的植物种苗，仅此而已。直到我们找出"到此一游"不良行为的真正动机——情感动机。由此，我们确立了本产品真正应追求的价值供给：管理"游人情感"。这种价值供给要求我们将目光放在他们所种下的东西上，并认为种下的事实上是他们的情感，最重要的是，需要意识到这些情感是可以长大与收获的。

那么，"管理'游人情感'"是如何实现的或者说如何完成生产的？作为一种价值供给，它的理念又是什么？为了能对它产生一个明确的具象，我们是很有必要对以上问题作一阐述的。

它的理念是什么？在完全隐瞒的情形下，将在多年后实现曾经的游人与他亲手创造的"生命"不期相遇。当你注意与想象到理念中诸如"多年后""不期而遇"等情节将在自己身上被真实兑现，可能你已经确信这种价值供给在你甚至早被庸常的心里还是找到了情感的"饥饿"。

它是如何实现的或者说是如何生产的？第一步：在庄园内为海岛之恋游人自种区找到一块令人赞美的地方。第二步：游人自种。我们十分愿意提供种植的技术指导，但我们会坚持由游人亲手种植自己的留恋物。为什么？因为如果不是亲手所种，那么就失去了这种价值供给存在的可能，谁会与自己毫无"肌肤之亲"的事物有情感瓜葛呢？或许我们该说，游人的这一身体力行对本价值供给的形成起着决定性的作用，因为游人的种植过程事实上正是与种植物建立情感的过程，而这个过程才让我们可以继续推进"管理'游人情感'"的生产。第三步：建立植物成长档案。我们将以游人的姓名，或游人对留恋物的个性称呼，或由我们编制的种植物设别代码，来为每一个游人的种植物建立成长档案。档案将由成长标本册、成长图片相册、成长日记文本、成长日记视频等构成。第四步：寄出植物档案。在植物"成年"后，我们便完成了"管理'游人情感'"的生产，而在我们向它的主人寄出它的成长档案后，我们便完成了"管理'游人情感'"这一价值的供给。

价值资源：黎族民俗文化

实现产品：黎式民俗主题篝火晚会

创意思维逻辑：对于这一产品的提出，事实上并不需要我们花费多少精力去思考，因为繁荣的黎族民俗文化似乎早已填充了各种细节。从本章第1课中我们可知，黎族民俗文化极具远古气息，打柴舞被喻为古老黎族文化的"活化石"。此外，像黎族民族文化中的三月三、对山歌、跳竹竿舞等原生歌舞，早已成为经典。因而，当极为成熟的支持性资源放在我们眼前时，我们所要做的似乎只是顺理成章地提出这一产品。

难道不是吗？当然，这是我们不能否定的，因为这些价值资源无可挑剔的观赏价值就在那里。但这一产品能否向我们提供良好的参与性，却也是我们为什么要实现它的动机之一，我们最终确信了这一点。而这一点的确信，也完成了本产品向目标市场（企业文化建设）投放的创意要求，以及价值供给。

价值资源：黎族弓弩狩猎的生产方式＋丰富原生野生动物

实现产品：仿古弓弩狩猎区

创意思维模式：狩猎场，并非算是稀有的产品。那么，我们为什么要提出？这是需要说服我们自己的地方。首先，我们找到了这一产品实现的基本支持性资源——丰富的原生野生动物，如雨林中生活的山鸡、野兔、野鸭、山狐、獾、松鼠等，但并不能成为说服我们的理由。然而，接下来的发现却打消了我们的顾虑。

在南宋范成大《桂海虞衡志》中有文字记载："黎弓，海南黎人所用长鞘木弓也，以藤为弦，箭长三尺，无羽；镞长五寸……以无羽故，射不远三四丈，然中者必死。"此外，在宋周去非的《岭外代答》中也有记载："……黎弓以木，亦或以竹，而弦之以藤，类中州弹弓。其矢之大其镞也，故虽无羽，亦可施之于射近。"

由此，我们可以肯定的是，弓弩狩猎是一种黎民古老传统的生产生活方式，而且在时间的积淀中，这一生产生活方式形成了浓郁的黎族狩猎文化。因而我们做出这样一个决定：如果我们重现这一生产生活方式的古狩猎场，以及实体展现古黎族的狩猎活动呢？我们最终在这样的一个思路上找到了在同类竞品中生存下来的稀有性，即核心价值，也让我们最终看到了需要完成的产品——仿古弓弩狩猎区。

价值资源：支持性地理环境

实现产品：攀岩区

创意思维模式：我们将依据庄园的一些天然地理环境，提出一些产品并实现它们，诸如本产品，以及下文要提出的 CS 雨林对抗区。事实上，这些产品的提出也是有一定逻辑的，如我们所说的地理环境。我们要实现它们的动机还在于，完成目标市场（企业文化建设）的需求产品。

价值资源：支持性地理环境 + 狩猎场、汩泉湖、百重瀑上游、听风揽景台、天路等

实现产品：CS 雨林对抗区（见图 11 - 1）

创意思维模式：关于这一产品的提出，事实上我们的思维逻辑必然是完全逆向的。我们更多地需要耐心和等待，因为它的实现应该完全由地理环境来决定，虽然我们可以造出满足它需要的一切，但这往往并不会令人充满兴致。由此，庄园天然的雨林环境与山地地理，以及狩猎场、汩泉湖、百重瀑上游、听风揽景台、天路等这些支持性资源所营造出的丰富的主场景，让我们知道对于它的提出已经成熟。

图 11-1 游人 CS 雨林对抗区

▲狩猎场

▲泪泉湖

▲听风观景台

▲天路

▲百瀑园

价值资源：支持性地理环境＋百重瀑

实现产品：林地休闲与星月露营区

创意思维模式：毫无疑问，确定一块实现本产品的支持性地理环境是我们首要的工作。那么，这样的支持性地理环境应该满足哪些基本条件？我们认为，无论你想怎样来实现这一产品，支持性地理环境至少得满足这些基本条件：一是有密林，可以做到蔽天翳日；二是有旷地，可以实现露营与光浴；三是有意境，当然，在这样的山地雨林里，很容易发现意境，但我们可能还需要一点流水声，比如是否可以紧邻百重瀑，这是我们最想表达的。

事实上，在我们拥有了这些支持性地理条件后，本产品的功能以及所追求的价值供给也基本完成，如果你没有计划要对它的价值供给做出过多人为干预的比重的话。

至此，本课关于由具体价值资源创意和实现终端产品的思维逻辑问题的讲解基本结束。我们花费了足够的时间，但作为一个从业者是否能够从中领悟并拥有这种逻辑思维的能力，事实上只有他们自己知道，就好像费尔巴哈与萧伯纳对实践的不同领悟。"一个人只有经过东倒西歪的、让自己像个笨蛋那样的阶段才能学会滑冰。"无论如何，我们需要这样的一个笨蛋态度。

二、庄园版图

在我们完成了终端产品的创意和实现工作后，事实上正是一座文化度假庄园实现从无到有的过程。那么，让我们再来简单归纳一下在三个类别中所实现的终端产品。其一，原始类原生景，主要实现的产品有石景、名木景、汩泉湖、百重瀑等；其二，创意类原生景，主要实现的产品有望曦崖、黎族民俗文化石雕艺术广场、乐山樵道、濯足湴、听风揽景台、沉香园、民族屋、热带生态果园游赏区等；其三，休闲娱动类原生景，主要实现的产品有热带原生果园采摘区、天路、喂乐园、海岛之恋游人自种区、黎式民俗主题篝火晚会、仿古弓弩狩猎区、攀岩区、CS雨林对抗区、林地休闲与星月露营区等。此外，庄园还需要完成一些必需的生活、商业等配套设施，我们在本课暂且不做讲解。

这样一座从无到有的文化度假庄园会不会很糟糕呢？很遗憾，它看起来很完美（见图11-2）。

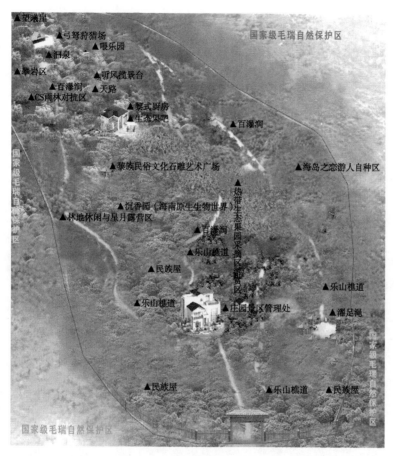

▲望溪庐

▲弓弩狩猎场

▲喂乐园

▲归泉

▲攀岩区

▲听风揽景台

▲百瀑涧　▲天路

▲CS雨林对抗区

▲黎式厨房

▲生态果吧

国家级毛瑞自然保护区

▲百瀑涧

▲黎族民俗文化石雕艺术广场

▲海岛之恋游人自种区

▲沉香园（海南原生物世界）

热带生态果园采摘区游览区

▲林地休闲与星月露营区

▲百瀑涧

▲乐山栈道

▲民族屋

▲乐山栈道

▲乐山栈道

▲庄园景区管理处

▲濯足涧

国家级毛瑞自然保护区

▲民族屋

▲乐山栈道

▲民族屋

国家级毛瑞自然保护区

图 11-2　未来庄园版图

第3课　营生与繁荣：商业运营模式的选择与创新实现

我们在本书中提出了文化产业的母体效应。母体效应的最终成果与表现为：通过具体的文化产业事业为所在区域发酵或者说孵化新兴产业和商业。在第九章中，我们就这种母体效应做了详尽的讲解，在本课中不再重复。因而，创意文化度假庄园——这一文化产业事业同样需要按部就班：其一，先获得一个远期战略前瞻计划。如在"七王坟"的远期发展战略总目标与分解的四个递进式分战略目标中，我们看到了总目标的实现以及在整个过程中，其自身即对七王坟地区新兴产业、商业的可持续孵化得到了最大饱和的实现。同样，我们没有理由怀疑庄园在经历这一切后不能如此。其二，再获得一个或多个有效、可行的日常商业运营模式。至于这一点，我们认为很重要，因为庄园的生计与繁荣无法不从积累财富开始，虽然财富并不被人们认为能够解决一切。

在这一讲中，我们假设正处在对庄园进行远期战略前瞻计划的实现与推进过程中，那么在这一过程中庄园的日常商业运营模式又该如何选择或创新实现呢？

如果要从经济面来看，庄园的"GDP"主要来源于旅游业，在上一课中，我们显得不辞辛劳地为此做足了功课。而事实上，它们正是为商业运营模式的选择或创新提供着尽其所能的支持。

一、商业运营模式的选择

1."票制"运营模式

很明显，我们对"票制"的运营模式很熟悉，这是一种再普通不过的交易活动，即向有消费需求的人们提供价值供给时，通过所售卖的票、卡（票种之一，通常是出售方提供的一种绑定优惠政策的长期票，如月卡、年卡等，而票通常以"日"为消费期限）等，以证明消费者已经获得消费权利的凭证。我们最好不要轻视对这种广泛被运用的运营模式的选择，因为再没有什么手段能像它这样，如此直接又简捷地从市场获得货币资本。事实上，它依然历久弥新。

2. 分销运营模式

分销运营，也是运营中的一种常见模式。事实上，它常被我们有意无意地运用起来，譬如我们很乐意将自己的产品放在某些专业的平台上去实现营销或销售。当然，分销对于庄园同样是不错的选择。

在经济面上，由于对庄园经济的贡献率主要来源于它所供给的旅游价值，因而，对庄园实现分销的渠道也就很清楚了。譬如，我们将庄园以原生态旅游景区的身份去争取成为海南旅游大家庭中的一分子，这是很明智的，因为我们将由此迅速成长。

分销，通常会有两种：一是完全分销。这种分销模式简单地说，就是完全依赖于别人，譬如去做分销平台的下游产品，通过它的渠道来实现销售目的。这看起来是个一劳永逸的做法。二是互补性分销。通俗地讲，是指用自己有而别人没有的产品对外（在本课中，我们指的是其他需求景区）形成资源性互补合作，进而实现销售的目的。对于庄园来说，我们坚持实施了这两种分销方式。

二、商业运营模式的创新

1. 基地式商业运营

何谓基地式？这不难理解。我们不会对"爱国主义教育基地"感到陌生。是的，我们这里的"基地"所指的正是这种意义上的。而能被开辟为某种基地的地方，一定是有些与该基地相吻合的特有或丰富的资源，这是不难理解的，譬如爱国主义教育基地，我们很容易会联想到在那里可能曾是抗日根据地。

那么，庄园是否适用基地式商业运营模式，而成为自己新型的"基地型经济"呢？我们给出的答案是肯定的。

现在，让我们来看看庄园到底可以开辟哪些基地，以及相应的支持性资源和目标市场（见表 11 – 1）。

表 11 – 1　庄园基地

基地	主要支持性资源	目标市场
青少年科普教育基地	①繁荣的原生植被；②沉香园（海南原生生物世界）；③360 度球幕科普影视厅等基础设施	教育机构
企业文化野外拓展训练基地	①乐山樵道；②天路；③黎式民俗主题篝火晚会；④仿古弓弩狩猎区；⑤攀岩区；⑥真人 CS 雨林对抗区；⑦热带原生果园采摘区；⑧海岛之恋游人自种区	1. 企业文化研究机构；2. 党政机关；3. 企事业单位
摄影、绘画创作基地	①具体的三类产品：原始类原生景、创意类原生景和休闲娱动类原生景；②热带雨林原生环境；③繁荣而稀缺的黎族先民民俗文化	1. 艺术类组织、协会；2. 艺术类院校
海南经济作物产业研发与推广基地	①沉香园（海南原生生物世界）；②热带原生果园采摘区	海南省经济类作物产业研究机构、企事业单位

基地	主要支持性资源	目标市场
黎族民俗文化产业推广基地	①繁荣而稀缺的黎族民俗文化；②黎族民俗文化，庄园旅游业产品开始的重点支持与采集资源；③黎族，庄园所在区域主要居住人群	1. 当地政府（文化发展政府专项资金）；2. 企事业单位（黎族文化研究招投标合作资金，同时向合作方开放研究成果商业开发优先权）；3. 黎族文化艺术持有者或从业者（有推广或进驻基地需求愿望）

2. 全媒体平台经济的商业运营

我们在讲述基地式商业运营模式时，其中提到开辟"海南经济作物产业基地"。那么，如何使这一基地名副其实？这便需要我们进一步做功课。譬如，接下来还得由基地发起组建"海南经济作物产业协会"，以作为基地对成员单位的管理机构，再就是创建基地价值信息共享平台——全媒体平台，来对成员单位实现服务。

至于全媒体平台的创建及组成，我们暂且不作讲解。那么，全媒体的平台经济是如何实现的？可能会产生哪些平台经济收入呢？

我们知道，成员单位是基地价值信息共享平台的主要服务对象，那么毫无疑问，成员单位便是主要的目标市场。由此，我们想要表明的是，在对他们进行服务时，我们需要对他们的不同服务需求做出不同的标价。因而，全媒体平台可能会给我们带来：其一，政府支持性资金收入。向当地政府申报立项"海南原生经济作物产业研发与推广工程"所获取的政府专项资金。其二，会员单位年度推广费用收入。主要指会员单位为其产品推广或企业形象提升所支出的费用。其三，会费收入。会员单位用于参加协会年度开展的各种活动、峰会等资金支持。其四，非会员单位推广费用收入；其五，其他有服务需求的企事业单位。

需要注意的是，全媒体平台经济的实现并非像我们说得这么轻松，你得全神贯注地投入精力，也得有充分的心理准备来应对"可能咬到的一颗坏果仁"，虽然毫无迹象。

3. 会展经济商业运营

在我们提出会展经济商业运营模式时，阅读至此的朋友一定会大声地说："简直是异想天开！"那么，真的是异想天开吗？就算是，或许我们仍可以改变这样的定论。

是的，对于庄园来说，其自身并不具备支持会展经济运营的必备资源。但我们发现，基地式商业运营却为我们带来了这种可能。譬如，"海南经济作物产业研发与推广基地"的运营过程，事实上也是我们对目标市场进行价值资源有效整合的过程。这个过程让我们赢得了会展经济的支持性资源，如产品资源、行业资源等。

那么，会展运营为什么值得去做？让我们做个假设，哪怕是我们举办一场普通级别的海南经济作物产品交易会，至少也可以轻易实现带动这样一些市场，如生产资料市场、产品交易市场、会展租赁市场和其他相关业务、产品市场；也可以轻易带动这样一些行业实现增收，如运输、餐饮、住宿、旅游、零售等。

至此，本课已经到了结束的时候，但我们仍有必要再强调一下本章给出的两个注意点。在本章的第3课中，第2课是个重头戏，很明显也是本章的重头戏。在烦琐的实操中，我们致力追求与努力呈现了由具体价值资源到创意产品实现的逻辑思维过程，其目的在于即便我们之前可能是一个笨蛋，但如果可以从中领悟并让那样的逻辑思维变为自己真正拥有的职业能力的话，也是一个值得尊敬的笨蛋，因为唯有它才能让我们配得上"职业创变者"——这个听起来有点前卫的称号。它真的决定了我们作为创变者的存在？是的，就好像没有它就没有这座庄园一样。不要认为这是一种夸张的说法，这是一个事实。

　　此外，我们还在第 1 课中谈到了资本化的"苍狼陷阱"。事实上，这是继"十三五"规划在提出五大发展理念后，我们有意向从业者们发出的一个告诫或警示——在对价值资源进行资本化过程中可能误入的思维风险，以规避再次掉入"苍狼陷阱"的不自觉思维逻辑。

第十二章

生来贫乏的林地可以这样崛起

生活中到处充满巧合，我们似乎又遇上了一片林地。那么，这是不是在第十一章之后，笔者做出的一个有意安排的实操案例呢？不是，也是。说不是，是因为这个案例确实是笔者实操的；说是，理由其实很简单，在相对于第十一章中那片支持性资源富足的林地，我们会很自然地提出这样一个疑虑：如果面对一个支持性资源不济的林地，又该从何完成这一地块从"朝为田舍郎"到"暮登天子堂"的角色崛起呢？

值得提醒的是，我们在本章安排此案例的用意更在于从业者能将它看作一个广义上的参本，一个在面临支持性资源不济的际遇下，能在思维逻辑上提供一种启示的参本。

当我们已经认识到这片林地的现状后，我们很快便对第十一章的版本做出了抛弃的决定，并确信"林地经济"应是它成就自己的不错选项，虽然我们并不能确定它是最适合的。那么，在林地经济的选项上到底能让它多强大呢？

事实上，我们并不需要给你一个干瘪的答案，只要像前一章那样来完成一次这样的工作——"解决与完成价值资源在实操中该如何做到创意产品的实现"——这一最基础的实践工作，便可以亲自见证了。不同的是，本章将会由此更富创意地专注于展示"其他类价值资源"（在"前言"中，我们提出了本书对价值资源的观点与组成，它包括文化类价值资源和其他类价值资源），即林地等农业资源资本化过程的创意产品的实现，以及创意文化产品又是如何做到的。

既然选项是林地经济，那么在讲解本章前，我们便有必要对中央在经济新常态下的农村工作方向作一关注，譬如具有代表性的"中央关于 2017 年农村工作的部署"。这一关注是令人兴奋的，因为我们发现，在本章的三课中所带来的工作实践解讲，无一不与其论述吻合。因而，"中央关于 2017 年农村工作的部署"无疑是佐证了这三课所带来的工作实践具有一定的现实意义与可靠性。

"中央关于 2017 年农村工作的部署"集中体现在"一个主线，三大重点"上。一个主线即推进农业供给侧结构性改革，三大重点即确保国家粮食安全、提高农业供给质量和健全创业创新机制。关于这一主线的出现，我们注意到在历届中央农村工作中明确提出尚属首次，无疑是最耀眼的焦点。那么，为什么要推进农业供给侧结构性改革，以及如何推进，中央对此给出的明确解答是：

推进农业供给侧结构性改革，要在确保国家粮食安全的基础上，紧紧围绕市场需求变化，以增加农民收入、保障有效供给为主要目标，以提高农业供给质量为主攻方向，以体制改革和机制创新为根本途径，优化农业产业体系、生产体系、经营体系，提高土地产出率、资源利用率、劳动生产率，促进农业农村发展由过度依赖资源消耗、主要满足"量"的需求，向追求绿色生态可持续、更加注重满足"质"的需求转变。

在推进农业供给侧结构性改革上，首先要把农业结构调好调顺调优，把提高农产品质量放在更加突出位置；发展适度规模经营，优化经营结构……重点建设好粮食生产功能区、重要农产品生产保护区、特色农产品优势区；调整农业科技创新方向和重点……着眼提高农业全产业链收益，努力做强一产、做优二产、做活三产；推行绿色生产方式，促进农业可持续发展……

在这份解答中，我们同样注意到，这一主线事实上已完整囊括与阐述了该年度的农村工作内容，而 2017 年也将是我国农村工作史上践行该主线的元年。

至于本章三课所进行的工作实践，若非要指出在供给侧改革层面有何所为，那么从总体上可以看到从粗放型向集约型的根本转变，即解答中所做的阐述：由过度依赖资源消耗、主要满足"量"的需求，向追求绿色生态可持续、更加注重满足"质"的需求转变。若分别来看，在第1课中，我们毫不隐瞒地对农业产业体系的优化，以及如何更有效推行在绿色生产方式上投入了更多的智慧；在第2课中，我们更是看到了规模经营对产业孕育与市场引导功能的实现所带来的强大力量；而在第3课，我们最终在第1、第2课所完成的实践工作基地上，积极收获第三产业——林地文化消费终端产品，即对解答中关于农业全产业链的实现。

然而，本章事实上并不是针对供给侧改革专门开展的实践工作，因而读者不应产生这样的错觉。至于以上所述本章与它的关系，我们的真实目的还是佐证本章所进行的工作实践具有一定的现实意义与可靠性。

那么，如果在我们面前摆放着北京上庄镇15300亩（或以上）的一片广袤林地，以及在该镇镇域内存在的诸如京西稻等历史文化悠久的农产价值资源，又该如何足够智慧地将它们完成资本化，实现高质量的价值供给和农业全产业链收益呢？同样需要说明的是，我们在本章解决这一问题的过程中，仍会展开烦琐而不厌其烦的讲解，因为一个问题的答案并不是我们想要引起读者关注的最终追求，而依然是在创意的实操工作中完成正确逻辑思维能力的培养。

第1课 供给侧的高质量追求：特色农业生产体系与创意产品

如果我们打算去林地经营自己的农业，那么就不得不改变以及去习惯那些完全有别于日常农业的生产模式，如林药模式、林菜模式、林果模式、林菌模式、林花模式或林禽模式等。由此，我们更愿意将这种农业称之为特色农业。而这一经济现象，事实上并非什么新鲜事物，早在集体林权制度改革之后便已提出，被称为"林地经济"。

所谓林地经济，是指以林地资源和森林生态环境为依托，发展起来的林地种植业、养殖业、采集业和旅游业。从产业层面来讲，林地经济既包括林地产业、林中产业，还包括林上产业，即在农业供给侧结构性改革论述中关于发展农业全产业链收益的要求（由于本章要谈的是林地经济的崛起，因而对于过多称呼所带来的干扰，在以下的讲述中无论涉及的层面是林地、林中还是林上，我们都将其统一称为"林地"）。

林地经济若要从理论设想变为现实，实现更有效的生产方式，可能还需要投入更多的智慧。首要的是，特定的林地环境无疑将对农作物的生产发出挑战。

那么，我们该如何解决这一问题？换句话说，如果林地是我们目前唯一的价值资源，那么该怎样量身创造一套得体、优质的"林地特色农业生产体系"，来帮助那些置于林地环境中的农作物去实现高质高效的生长或生产呢？是的，供给侧的高质量追求是无法回避的，我们必须紧盯这一点，因为它才是价值资源逼仄的林地在农业层面崛起的支点，以及得以生存下去的最可信的背书。由此，"林地特色农业生产体系"创造得如何将举足轻重。

当然，可能需要再次强调的是，林地经济并不是本章所要塑造的主角。诸如我们对"林地特色农业生产体系""林地文化消费终端产品"等的创造，以及林地产业孕育和市场引导实现等，也不过是我们假借的一个个案例。正如上文所述，它们并非要引起读者关注的最终追求，我们最好心无旁骛地看紧并领悟、收获那些实操中左右一切的逻辑思维。

现在，就让我们来说一说若在上庄镇这片特定的地块——林地环境下，在考虑林地经济以及特色农业优化供给侧层面上所提出并创造的一套特色农业生产体系。需要指出的是，如果我们的身份是一群正要开展这项工作的创变者，那么林地便是摆在我们面前的价值资源，"林地特色农业生产体系"便是我们所要创造的产品。

在对"林地特色农业生产体系"的产品效能追求上，事实上我们更期待它应有的满意表现是：那些前来入住的农作物对特定的林地环境不应或者说不会再有不良反应。因而，我们会看到体系的每个构成部分既独立存在，又在逻辑上形成上下依赖的体系关系。

关于产品——"林地特色农业生产体系"在实现上，究竟需要它具备哪些效能才能让农作物在特定的林地环境健康生长，以至推进生产的高质高效呢？由此，我们对产品在体系建设上做出了这样的决定：

（1）建立"林地经济种苗研究所"，实现林地农业生产的农作物种苗输送效能。我们永远不要忘记林地是一个相对不同的生存环境，无论是对人类，还是农作物而言。也正因此，我们才将在林地开展的农业称为特色农业。事实告诉我们，如果你确信林地环境是你坚持认为的价值资源，并铁了心要在它那儿将你的农业梦想生根发芽，那么你得看见已经遇上的第一个并迫切需要解决的"特色"——如何可靠地取得与林地水土相服的农作物种苗？

这正是"林地经济种苗研究所"存在的意义，它将帮助并为我们带来水土相服的农作物，实现种苗的稳定而可靠的输送。

至于研究所实验种源的采集，我们给出的建议是：首先，以当地的生物资源作为采集的优先取向，来进行种苗的研究与开发工作。其次，将从外埠采集生物资源进行种苗作为研究与开发对象。为什么？理由很简单，力求推进与发展本土农产经济。当然，我们反对地方保护主义。因而，在本章的案例中，研究所应尽可能从上庄镇的生物资源中寻找、采集、研究与开发可以投放的林地经济种苗。此外，对于那些已完成开发、市场潜力大的种苗，研究所的工作应乘势而为，做好该类种苗的精准研究与系列品种的开发，来为林地经济的生产供给高质量的优良种苗。

（2）建立"典型林地环境种苗实验地"，实现被输送种苗生产能力的检测效能。对于在研究所实验室中所确信的被开发种苗，是否就可以直接投入生产呢？这显然是一种不该也不能发生的冲动。因为在投产前，我们的实验工作远未结束，虽然结论已经告诉我们，它们就是我们所需要的种苗，我们必须不厌其烦地完成它们在林地环境中的生产周期实验，并最终获得最佳生产周期的生产数据，以便指导生产，让高质量供给成为可能。

这是一个烦琐却需要足够耐心的活儿，但它们只有具备在生产中的高质量的供给能力，才可谓名副其实的优良种苗。因而，我们将这一任务交给了"典型林地环境种苗实验地"，以对它们开展等同实际投产要求的预种实验，来最终获得我们所追求的高质量需求。

（3）建立"林地种苗繁育基地"，实现种苗规模生产效能与对外输出产业。在我们通过预种完成生产周期的实验，并最终获得在实际生产中具备高质量供给的优良种苗后，接下来的工作便由实验室走向了投产前的准备，以及是否还可以做些让人增加动力的事，因而我们的工作目标也变得明朗了许多。一是对优良种苗进行高密度的繁殖或培育，为林地经济的生产完成种苗供给工作；二是开展种苗对外输出业务，发展林地产业。毫无意外，我们需要一个专业的执行者来完成这两项任务，而这个执行者便是"林地种苗繁育基地"。

（4）建立"林地经济生产标准示范区"，完成林地农业生产标准建设的效能与对外输出产业。在我们取得优良的种苗后，进行小范围的林地生产活动也就提上日程了。如何理解"小范围"？我们的解释与建议更倾向于单位量（亩）规模的生产活动。那么，为什么要特别强调单位量？这其中当然有着它需要完成的必然使命：一是完成产品质量标准的建设；二是完成生产管理标准的建设，以便开展大规模生产和产业输出做下最坚实的功课。最终目标便是供给侧的高质量追求的实现要求。

那么，我们又该如何决定在示范区进行哪些林地生产模式（或者说林地产业）的生产活动？事实上，这取决于那些已经被认定与当地林地水土相服的种苗，换句话说，已经纳入输送目录的种苗将决定着哪些生产模式（林地产业）的生产活动得以开展。譬如，当我们确信获得了与上庄林地环境相宜的药类、菜类、果类、菌类、花类、禽类等诸类别的种苗后，那么在示范区便会进行林药模式、林菜模式、林果模式、林菌模式、林花模式及林禽模式等诸生产模式（林地产业）的生产活动，以寻求它们在处于高质量供给侧的成熟状态时完成"必然使命"。

（5）建立"林地经济研究中心"，完成种苗的持续改良效能。在完成"必然使命"后，那些经历了"小范围"生产活动而成熟的生产模式（林地产业），将被我们正式投放到大规模的生产活动中。如果以北京上庄林地面积来计算，这个总规模的基数便是15300亩。当然，我们并不打算在它们身上悉数花完这个基数，因为这些产业只是我们野心的一部分。

在我们成功实现大规模的生产活动后，意味着已经完成对产品——"林地特色农业生产体系"的建设与实现工作。但在供给侧层面上，我们不可能就此止步或陶醉于某种收获的现状，我们需要永无止境地从供给侧的高质量追求中获取生存的原动力。为此，我们便决定赋予产品——"林地特色农业生产体系"一个可以不断赢取原动力的造血效能——种苗的持续改良效能，并将这一效能交由"林地经济研究中心"来完成（见图 12 – 1）。

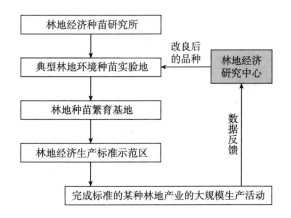

图 12 – 1　供给侧的高质量追求与林地特色农业生产体系构成

至此，我们完成了对产品——"林地特色农业生产体系"建设的全部工作。而随着这一产品的实现，我们确信了支持性资源贫乏的林地在农业层面崛起的可能，并对它的未来充满想象与期待。

第2课　产业孕育和市场引导的非常实现

本课要讲解的是如何对我们所服务的客体（本章指"林地"）进行"产业孕育和市场引导的非常实现"，而这一讲题在此出现，是我们绝对想要回避的。因为在面对如此清贫的地块，我们除了勉强将"林地"看作其他类价值资源外，并未发现哪怕极少的一些文化类价值资源。直到这一刻，我们甚至不再抱有希望。毫无疑问，这种困境正致使我们试图回避本课题所要兑现的两项工作任务——IP 的产业孕育和市场引导，而可怕的是，回避的后果可能将是林地崛起的破产。那么，该如何突破以及重构林地的文化类价值资源缺失这一瓶颈呢？

一、重构

如何理解文化类价值资源的重构？譬如，我们在对本章案例的相关处理是这样的，通过对上庄镇境内的文化资源在一定关系上与林地谋求重组，缔结成新的资源共同体，从而使本不拥有文化资源的林地获得文化资源。

1. 认定

至于如何发现与判断一个地域的文化类价值资源，这在第二篇第七章"创意文化产业项目的提审与可行认定系统的建构"中已给出了详尽的参照标准。因而，在那些标准的帮衬下，我们很快便确认了上庄镇境内具有极高稀缺价值的文化资源——京西稻。是的，它同时竟然还是一种农产，这是一个令人尤其兴奋的发现，而更让我们不敢相信的是，它在地理上又与林地毗邻而居。一切的迹象似乎都在预兆，它们本就是一对命运相济的共同体。当然，这并不是事实真相，所有的巧合最多也只能证明在资源重组的历史上再添了一件个案，仅此而已。

在我们认定以至确认后，接下来的时间里你应该尽可能地对被重构的文化资源作以了解。要知道这样做非常有意义，你最好能由此转变为它所期待的知遇者的角色，因为你要在它身上所进行的一切创造，都将是你作为一名职业创变者所留下的身份背书。

京西稻，这么一个听起来极普通的农产物种，很难想象能有谁对它发生兴趣，在它身上又能有什么称得上稀缺的文化经纬，但事实很快否定了我们：

据史料考证，京西稻至今拥有320多年的稻作文化种植史，其中皇室御种近 130 年。公元 1692 年，康熙南巡带回京西稻种（史称"紫金箍"）试种玉泉山。因产自宫内，又出于康熙皇帝发现与培育，故史称"御稻米"。康熙之后，雍正、乾隆继续御种。

京西稻米，颗粒饱满圆润、晶莹透明，烹出的米饭光滑洁白、软硬适度、富黏性，口感甚为细腻、清香、可口。乾隆谓之"关心直惬望，可口欲流脂"，又谓"无一日不食，无一食非稻"。

曹雪芹在《红楼梦》中作下了这样一些记载。第五十三回：贾府门下黑山村庄主乌进孝敬献给贾府的红帖上，有"御田胭脂米"（京西稻）一条（但数目极少，仅有"二石"）。第七十五回：荣国府"老祖宗"贾母到宁国府做客，贾母问有稀饭吃些罢，尤氏早捧过一碗来，说是红稻米粥（京西稻）；贾母接来吃了半碗，便吩咐将这粥送给凤姐儿吃去。

1954 年，毛主席在他的一封亲笔信中如是写道："可否由粮食部门收购一部分'御田胭脂米'，以供中央招待国际友人。"

近年来，京西稻种植面积急剧减少，令人担忧。2011 年的一份数据显示，京西水稻现有种植区已仅存上庄镇境内的 2000 余亩。

在讲完本次重构中需要做的必要功课后，让我们再来消弭一下可能已让你产生的错觉。那就是在重构中并不限于一个种类的文化资源，相反，如果出现多个种类符合认定的文化资源，你最好不要错过它们中的任何一个。因为你要知道，正是由于缺失这种资源，以致我们哪怕只是为获得一个种类，也不得不通过"重构"这一看起来异常另类的非常手段。

2. 现实价值

首先，我们不应忘记为什么会有这本书，那就是本书在试图阐述这样一个课题——如何促使一个落后的地域实现经济的快速崛起？我们最后找到了一种可能，或者说将它视为一种可能，那就是通过对该地域所存有的具备转成化 IP 或 IP 化的价值资源（主要是指文化类价值资源）进行资本化，创意出具备价值需求的文化产品（或者说以文化产品为主导的产品体系）投入市场进行货币置换，来实现经济的完美崛起。因而，这本书只追求与讨论"这种可能"，即便有着连我们也深信的更好的其他路径。这是所有正在阅读本书的读者必须时刻提醒自己的一点，也正是我们为什么非要通过资源重构来打破林地文化资源瓶颈的唯一理由。

事实上，无论是地域经济，还是地理范畴相对微观的地块经济的快速崛起，"这种可能"总能很轻易地让它发生可喜的蜕变，前提是我们不得不获得称得上相对稀缺的文化资源。这是令人庆幸的，因为经过资源重组后的上庄林地已经赢得了"这种可能"。

其次，在我们认为看到了最棒的成果——像收获果实一样收获货币的同时，林地文化资源重构的实现也将完成这一地块经济崛起与可持续发展所必需的基础环境，或者说现实土壤的构建。因而，相对于收获货币，基础环境的构建与成熟对于一个地域或地块在实现经济的稳健发展上将更富深远价值。

事实上，我们得事先完成这一工作——构建成熟的基础环境，因为它是我们能够不断收获货币的现实土壤。因而，我们或许得更正一下逻辑关系：基础环境是收获货币的前提条件，没有基础环境便没有货币可收。也就是说，在我们"像收获果实一样收获货币"时，基础环境已经得到构建并成熟，只是你未曾注意到或是故意选择性回避它们之间的逻辑。若是后者，将是十分危险的做法，因为你将再次陷入以资源消耗为代表的"苍狼"陷阱。

我们确实没有更为取巧的路径来绕过经济崛起以至繁荣所必需的基础环境，在这一点上，举世瞩目的"一带一路"建设给出了令人印象最为深刻的答案。但现实中面对的基础环境并不是一定的、教条的，而是具体的、多样的，因为实践告诉了我们这一点，它好比真理一样要求我们晃动晃动那可能被理论武装的可怕的保守头颅，以便能够清醒地完成独立判断。在独立的判断中，如同实践告诉我们的一样，现实中面对的基础环境不是一定的，譬如它会随同发展经济的途径选择的不同而不同，就拿本章案例中的林地来说，它在选择了本书课题所讨论与主张的途径后，诸如价值供给精准的产品、成熟的市场以及低碳的优势产业等层面的IP孵化与培育是否已经成功，将是它收获货币前必须得到的基础环境。

这些层面该如何实现？林地崛起将面临一个必须解决的节点。事实上，这才是我们真正应该感到焦虑的问题。值得庆幸的是，完成文化资源重构后的林地，并将具备母体效应的强劲动能——"三驾马车"——产业孕育、市场引导和产品消费，这些动能也将成为我们消弭焦虑的新药方。

二、基础环境的构建

我们刚刚提到"相对于收获货币，基础环境的构建与成熟对于一个地域或地块在实现经济的稳健发展上将更富深远价值"。由此可见，基础环境的重要性远比我们想象的要重要得多。当然，令人不得不对它重视的动机可能更为现实，因为它是收获货币的前提条件。但最好先忘记这些会干扰你智慧的动机，让我们来借助本章案例——上庄林地，在成功重构文化资源而实现资源共同体后，又是如何在新药方的药力下完成基础环境构建的，即如何完成价值供给精准的产品、成熟的市场、低碳的优势产业等层面的成功孵化与培育。

1. 产业集群与上庄林地核心竞争力的形成

1990 年，美国管理学家迈克尔·波特在《国家竞争优势》一书中首先提出用产业集群（Industrial Cluster）一词对集群现象进行分析。区域的竞争力对企业的竞争力有很大的影响，波特通过对 10 个工业化国家的考察发现，产业集群是工业化进程中的普遍现象，在所有发达的经济体中，都可以明显看到各种产业集群。因此，产业集群超越了一般产业范围，形成特定地理范围内多个产业相互融合、众多类型机构相互联结的共生体，从而构成这一区域特色的竞争优势。

对于上庄林地的经济来说，无论是因它的崛起正面临背水一战的危境，还是考虑到它的遥远未来，产业集群都是不错的抉择。因为要知道，这将赋予它有别于同行的核心竞争力，也将是阻止它响应社会达尔文主义的力量之源。

事实上，产业集群对于 21 世纪的企业而言，共识度已到了一个从未有的新高度。一些志趣相投的强者们正在迫不及待，他们期待着自己的企业由集群带来更为强大的集群竞争力，以达到轻松击败对手，赢得市场的目的。这并不是我们的一个臆想，如果你是一个十分关心时政的人，便会发现产业集群也是我国国企改革开出的药方之一。2016 年，时任国资委党委书记张毅在当年的央企负责人会议上明确指出，"以优势企业为核心，搭建优势产业合作平台，构建全产业链战略联盟，形成集群竞争力"。《中国经济周刊》2016 年第 9 期刊发了一篇名为《2016，国企改革落实年》的文章，国资委研究中心企业改革与发展研究部部长王志刚也在文中坦言，"企业国际化的需求，更要求企业在资源、规模上达到一定级别，才能获得话语权的提升"。

如果说我们最初只是尝试一种理论上可行的设想，那么这些论述便向我们发出了积极而肯定的信号。信号再次告知我们，产业集群不但确信可以强化经济体的竞争力和话语权，对于一个低弱的地块经济来说，同样也可以带来从无到有、从弱到强的竞争力和话语权。毫无疑问，这正是上庄林地经济崛起的决定性短板，也是我们为什么要对它这样做的真实动机。在产业集群实现后，本案例集群后的产业体将会有自己的一个新身份，譬如我们将这个产业体称为"上庄林地绿色新农经"。至此，你会发现，一个由产业集群产生竞争力的新品牌产生了。那么，我们将如何完成这个产业体的集群呢？这个新品牌的核心竞争力将会是什么，以及这个核心竞争力又是怎样被树立和建设成功的呢？

如果集群是在一个客体身上发生的话，对上庄林地产业集群的过程，很明显也是构建全产业链的过程，这是一个相当普遍的通性。至于如何集群，虽然完全可以很机械地来完成，但我们并不打算采用这种过于简单粗暴的物理手法，因为上庄林地在它的重构中已经完美拥有了稀缺的文化资源，以至我们在集群路径上可以做得更为惊艳。我们知道，文化产品具有强大造血功能的母体效应，而这一效应便是让我们避免机械集群的非常路径。

此外，在这条路径上，你一定会对作为稀缺文化资源存在的京西稻所彰显的强大供给价值印象深刻。所以，谁会是产业体的核心竞争力呢？我们似乎刚刚结束了这个"剧透"。

2. 核心竞争力的建设与多目标的集中实现

产业集群能否达到预期，基础环境的构建能否得以实现，以及在本课的两项任务能否顺利完成？我们逐渐摆出了一系列必须解决的问题，现在到了该给出答案的时候了。我们有意地提出了核心竞争力，是的，它们的命运都将与它发生着直接关系。为了更为直观地了解这些目标是如何在它的驱动下以及它的建设中做到集中实现的，我们绘制了图 12-2。

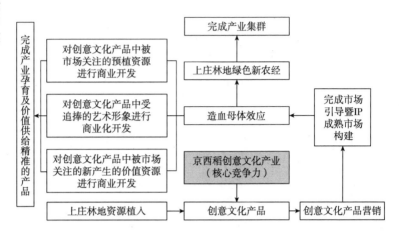

图 12 - 2 多目标在核心竞争力驱动下的集中实现

绘制本图的用意，刚才已经提到，即更为直观地来了解多目标的集中实现。但即便如此，我们仍有必要对每个目标的实现过程做个简要梳理：

（1）市场引导暨 IP 成熟市场的完成。从图 12 - 2 可以看出，首先推出"创意文化产品"，上庄林地核心竞争力——京西稻创意文化产业，与此同时，在文化产品中植入上庄林地的各类资源。其次，创意文化产品在传播中形成事实上的营销效能，即"创意文化产品营销"。在营销中对产品受众的消费心理产生影响，最终实现市场引导，以至 IP 成熟市场的完成。

在这一过程中，我们可以发现两个目标得以实现：一是本案例的基础环境中所要求的成熟市场；二是本课两项任务之一，即市场引导。

（2）产业集群的完成。在"市场引导暨IP成熟市场"完成后，说明创意文化产品在通过自身营销过程中已经产生了潜在财产。那么，该如何进一步深挖潜在财产呢？创意文化产品的造血母体效应告诉我们：一是创意文化产品中被市场关注的预植资源会被商业开发；二是创意文化产品中成功的艺术形象会被商业开发；三是创意文化产品中被市场关注的新产生的价值资源会被商业开发。

很显然，造血母体效应正将上庄林地的产业进行一场良性变革，以形成内在联系紧密的全产业链。因而，造血母体效应事实上为我们完成了产业体——"上庄林地绿色新农经"的形成，即产业集群目标的实现。

（3）产业孕育及价值供给精准的产品的实现。造血母体效应因IP成熟市场为价值供给提供了明确需求，因而造血母体效应中新兴的产业、商业以及产品将更为精准。而随着这一切的发生，也就意味着这样一些目标得以实现：基础环境中所要求的低碳产业的成功孵化与培育、价值供给精准的产品；本课中的另一项任务，即产业孕育。

第 3 课　林地文化消费终端产品的创意思维逻辑与完成

在上一课中，我们讲解了需要完成的两项工作任务（目标），同时，也讲解了关于本章案例——上庄林地的其他多个重要目标的实现。你一定会注意到，这些目标的实现最终向案例的经济崛起与可持续提供了不可或缺的基础与竞争力。譬如，基础环境的实现为这一地块经济收获货币完成了前提条件与现实土壤；产业集群的成功让一个低弱的地块经济蜕变为具备竞争力的新产业体，即内在联系更为紧密的全产业链体——"上庄林地绿色新农经"。再如产业孕育、市场引导暨 IP 成熟市场等目标的完成，让我们看到了这一地块经济正在与它萧条的过去告别。

这正是我们想要的结果。当然，你也肯定知悉谁改变了这一切。好的，让我们集中一下精神，因为今天的讲题内容又会将你与职业创变者的身份是否相称直接联系起来，即林地文化消费终端产品的创意思维逻辑与完成。我们并不排斥继续做第十一章中所做的相应工作，在产品思维逻辑问题上再展开一次烦琐的讲解与演练，只要对你的思维逻辑有所帮助，便是一件很有价值的事。

一、林地文化消费终端产品的创意思维逻辑与完成

在对上庄林地这一地块经济完成了多目标集中实现后，由产业集群形成的新产业体已经进阶为一个优越的市场客体。这种优越尤令人嫉妒的地方在于 IP 成熟市场与价值供给精准的产品，让它收获了供与求的完美工艺。因而，接下来即将出现的这些林地文化消费产品并不是盲目推出以至等待推销的产品，而是属于那些已经拥有 IP 成熟市场的价值供给精准的产品。我们在这里所做的一切，只是重新还原在创造与完成它们时的思维逻辑。

价值资源：京西稻及其稀缺文化资源

实现产品：京西稻文化大观园

这一价值资源是林地地块经济全产业链的核心属性，即核心竞争力。其在资本化走入市场——推出创意文化产品（如视觉产品、图书产品等）后，对外形成强大的传播与事实营销。随着多目标的集中实现，特别是 IP 成熟市场的目标完成，营建了本产品全面深挖潜在财产的基础。因而，我们在对本产品的创造中也同样进行了价值供给的全面深挖，最终决定将由京

西稻皇家园、京西稻历史人文园和皇家稻作体验园等产品来组成。

组成产品1：京西稻皇家园

创意思维逻辑：京西稻丰富的皇家历史遗产，为我们创造本产品提供了可能。牢牢认知这一点很重要，也是我们在创造本产品过程中创意思维活动、价值资源与创意产品之间正确逻辑关系的指南。

我们在第2课中知道，京西稻皇室御种近130年。公元1692年，康熙南巡带回紫金箍（史称，即京西稻种）试种玉泉山。康熙之后，雍正、乾隆继续御种。

由此，我们首先提出对具有观赏价值的事件、活动、场景、物件等，通过实景、曲艺、展厅长廊、多媒体等不同语言的共同创造，还原京西稻与皇家之间真实的历史原景，来作为本产品供给的重点消费内容之一。当然，在你创造前，你必须要准确看到这些历史原景，如京西稻与康熙帝、京西稻与乾隆、京西稻与慈禧、京西稻与御田胭脂、京西稻与皇室种植等皇家农事文化。

其次，我们提出将特色的"剧情游"列入本产品的另一项重点消费内容。那么，"剧情游"又是如何被我们创造的呢？其一，事先的思维动机。这个"事先"，是指在京西稻文化产业推出创意文化产品之前（见第2课中"多目标在核心竞争力驱动下的集中实现图"）。其二，有计划地将实景——京西稻皇家园在创意文化产品（视觉文化产品）中进行预植；其三，在IP市场成熟的目标完成后，创造这一消费内容的时机也同时成熟，取得了逻辑上的合理性。

那么，特色的"剧情游"在实现中该怎样把握呢？很明显，"特色"已为我们怎么做给出了启示。因而，视觉文化产品中的那些经典剧情，势必将是我们在京西稻皇家园中进行实地还原的重点桥段。

组成产品2：京西稻历史人文园

创意思维逻辑：据史料考证，京西稻从元代便已出现。在历经元代、明代、清代近千年的历史后，丰富的京西稻历史人文故事具有很高的欣赏价值。如"京西稻与贾府庄头乌进孝进贾府交租"具有反映历史的文化现象、"京西稻与曹雪芹"的人文情结等。在近现代至当代中，又如"京西稻与外交""京西稻与毛泽东、与彭德怀"的人文情结等名人农事文化、民俗文化（如"京西稻香炊一街""京西稻下江宁""京西稻与'三节'"等）。这为我们创造本产品提供了资源支持。

那么，本产品又该如何实现？首先，我们得时刻提醒自己，观赏价值将是它提供的主要价值供给。因而，我们首先决定将代表性人文或历史事件打造成人文景点，实现实体景观。其次，以京西稻人文史的发展历程为内容和时间轴，创意创造实景的时空演变与穿越。当然，在这一消费内容的实现上，我们不得不借助日益崛起的智能技术。此外，我们将农俗文化资源通过一定的艺术形式创造出可以登台演绎的产品，来放大京西稻与民间那些具有故事性民俗的观赏价值，如"京西稻香炊一街""京西稻下江宁""京西稻与'三节'"等。

组成产品3：皇家稻作体验园

创意思维逻辑：在京西稻丰富的皇家稻作文化历史遗产中，除去富有的观赏价值外，我们发现，参与并体验御种也是极大存在的潜藏供给价值。因而，在看到御种的观赏价值和体验价值后，便给本产品的创造带来了实现可能。那么，本产品在设计上向市场提供供给的亮点在哪儿？简单来说，其亮点就在于遵循观赏和体验标准下实景恢复皇家稻作文化原貌和稻作全程。

观赏价值的供给思维。其一，专注再现康熙、乾隆年间农耕时代的农人形象、服饰、用具等其他标志性稻作元素，实景创造皇家御种的田舍、古观景台、农人休息亭等稻作古风貌；其二，演绎皇家御种场景。专注皇室御临稻作场景等素材，创造与演绎"皇室御临"农俗活动。

体验价值的供给思维。其一，体验者以康熙、乾隆年间农耕时代的农人形象参与皇家稻作全程；其二，体验者以康熙、乾隆年间农耕时代的农人形象参与"皇室御临"农俗活动演绎。

价值资源：林地特色农业生产体系

实现产品：观光农业区

创意思维逻辑：在对地块实现供给侧的高质量追求中，我们就解决生产体系问题创造并完成了产品"特色农业生产体系"（见第1课）。而与此同时，我们却额外收获了"林地经济种苗研究所""典型林地环境种苗实验地""林地种苗繁育基地""林地经济生产标准示范区"和"林地经济研究中心"等具备丰富观赏价值的价值资源，这为创造本产品提供了思维逻辑上的合理性。因而，我们需要思考的问题将更多集中在如何使本产品的价值供给——观赏价值最大化。

价值资源：林地生态＋林地经济生产标准示范区

实现产品：生态度假庄园

创意思维逻辑：本产品又是如何被我们提出的呢？首先，我们注意到林地的自身是稀有的生态环境资源，因而拥有着一定的生态环境的价值供给，但仅有这一价值供给并不足以支持本产品的创造。由此，我们试图寻找更多的支持资源。

在"林地经济生产标准示范区"种养着诸多与林地水土相服的农产品，如药类、菜类、果类、菌类、花类、禽类等（能在"林地经济生产标准示范区"种养，说明这些品种已经被纳入了种苗的输送目录），相应形成了林药生产区、林菜生产区、林果生产区、林菌生产区、林花生产区、林禽生产区，等等。而这些生产区在我们看来，是极为可贵与不可或缺的资源，至少它们在为本产品的创造与实现上带来了事实的可能。其一，主要价值供给的实现。这些资源支持我们在观赏价值和体验价值的供给上实现了丰富的消费内容，如林药园、林菜园、林果生产园、林菌园、林花园及林禽园等消费内容。其二，它们也让我们顺利地创造了庄园的生态饮食自给系统。这是非常重要的供给内容，如果不具备实现的可能，本产品在竞品市场所存在的意义便可见一斑。因而，我们最好承认这是一个失败的创造思维。

在我们完成本产品的创造后，关于本章案例的主要文化消费终端产品的创意思维逻辑的讲解既已结束。我们不敢肯定这些是案例的最好创意产品，但如果你在这场乏味且烦琐的思维逻辑讲解中有所领悟，那么，我们很高兴刚刚选择了对你的折磨。

二、商业运营模式的选择与创新实现

在第 1 课中，我们创造了产品"特色农业生产体系"，试图在追求高质量的供给侧上让案例摆脱粗放的经济增长方式；在第 2 课中，我们在核心竞争力——京西稻创意文化产业的驱动下集中完成多目标的实现，以便为案例的崛起夯筑成熟而又可持续的基础环境与能力。但它们显然并不是短平快的目标，而是顶层战略设计，这正是为什么这些目标仍是抽象的。由此，我们还需要完成对它们的分解工作，一一实现被分解出的可执行、具体的所有"小目标"，以至最终完成顶层目标。而在完成目标的过程中，商业运营模式的选择与创新实现又摆在了我们面前。

至于商业运营模式的如何选择与实现创新，在本篇的前几章中，我们在同类问题的思维逻辑上都给出了足够促人领悟的篇幅，因而我们决定让读者来完成它。如果你确信要成为一名职业创变者，那么，这会是一个不错的开始。

我们首先需要一个繁荣的路径

在写作本书的过程中，我满怀激情，因为在这么一个新时代来探讨并力所能及地提供解锁价值资源变现的知识，是一件十分有意义与必要的事情。而遗憾的是，这并不代表我所主张的路径已足以具备对价值资源的 IP 打造，并迅速变现的能力。因而我们势必得完成文化产业的繁荣，尤其是表现最具活力的视觉文化产业的繁荣。

近年来，我都被这样一个残酷现实困扰着，那就是国人对外来文化近乎到趋之若鹜，其中尤以美、日、韩等国马首是瞻。这对于一个文明古国来说，是极度讽刺的。那么，问题到底出在哪儿？又输在了哪儿？我试图破解这一症结所在。

雕塑家罗丹最终助我找到了答案。罗丹说："所谓大师，就是这样的人，他们用自己的眼睛去看别人见过的东西，在别人司空见惯的东西上能够发现出美来。"若用罗丹的思维来重新审视外来文化，便可轻易发现大师的痕迹：充满创意性的视觉文化构筑着强大的营销攻略。由此，国人的趋之若鹜在得到合理解释的同时，我也清楚地看到中国文化在未来鸟瞰世界的隘口关道。

美国哈佛大学丹尼尔·贝尔教授在他的《资本主义文化的矛盾》一书中说："我坚信，当代文化正逐渐成为视觉文化，而不是印刷文化，这是千真万确的事实。""声音和影像，尤其是后者，约定审美，主宰公众，在消费社会中，这几乎是不可避免。"他说，这个时代"视觉为人们看见和希望看见的事物提供了许多方便。视觉是我们的生活方式。这一变化的根源与其说是电影电视这类大众传播媒介本身，不如说人类从 19 世纪中叶开始的地域性和社会性流动，科学技术的发展孕育了这种新文化的传播形式"。而事实上，关于视觉文化是否是文化的领衔者，德国哲学家海德格尔早在 20 世纪 30 年代就给出了结论。他告诉我们，"世界图像时代……世界图像并非意指一幅关于世界的图像，而是指世界被把握为图像了。"很明显，贝尔、海德格尔的观点已成现实。

至于我国的视觉文化，产品质量仍被唏嘘，但若致力追求高质量的供给侧，那么实现文化之境外抢滩也并非自我揶揄。所幸的是，中国的领导者们对发展文化产业这一软实力正日渐厚植，以至今天进一步提出"创新、协调、绿色、开放、共享"五大发展的新时代理念。

那么，我国的视觉文化何以迟迟不能做到繁荣？原因在于，产业在寻求发展上长期停滞于小制作，而视觉文化制作班底的自身劣迹则是最为顽固的沉疴宿疾。由此，避讳一度成为金融和资本对投资国内视觉文化产业心照不宣的潜规则——它们认为只有 20% 的回本概率，而业内传的 60% 亏损更好似一语成谶。这一异常糟糕的局面，致使原本观望的金融和资本，更显谨慎。但真相并非如此，我在调研与梳理中发现，60% 的亏损实为子虚乌有。事实上，60% 中至少 30% 已被文化公司转嫁到定向创作的文化产品中，也就是说，它们在为客户进行定向创作的过程也就实现了本身的经济过程。因而，当我们看到它们因不能及时入手实体货币而恼怒时，谁知道它们是不是正在为自己又一次的资本积累而兴奋呢。至于另外 30%，则是"亏损"在产品制作业内那些自感写了几个、导了几个剧本的"文化人"身上，他们不但拿着所谓的资历在业内游走吸血，而且使业内环境变得浮华。若业内能正视自身对"文化人"的纵容，不但可免去利润中不得不开出的货币清单，一切都将向明朗的境地转换。这样，也就不怕得不到金融与资本的青睐。

总之，我们需要一个繁荣的视觉文化产业。繁荣的视觉文化产业不仅将是领衔文化产业发展的推动者，也将为价值资源迅速变现的 IP 之路打通路径。